André Herrmann

Prozessportale

AF153259

André Herrmann

Prozessportale

Analyse und Vergleich aus Benutzersicht

Reihe Formalwissenschaften

Publisher:
AV Akademikerverlag
is a trademark of
International Book Market Service Ltd., member of OmniScriptum Publishing Group
17 Meldrum Street, Beau Bassin 71504, Mauritius

Printed at: see last page
ISBN: 978-3-639-87478-5

Analyse und Vergleich von Prozessportalen aus Benutzersicht

Inhaltsverzeichnis

Abkürzungsverzeichnis

BMI	Bundesministerium des Innern
BPEL	Business Process Execution Language
BPMI	Business Process Management Initiative
BPMN	Business Process Model and Notation
CRM	Customer Relationship Management
DIN	Deutsches Institut für Normung
DMS	Dokumentenmanagementsystem
EN	Europäische Norm
EPK	Ereignisgesteuerte Prozesskette
ERP	Enterprise Resource Planning
GPM	Geschäftsprozessmanagement
GPMO	Geschäftsprozessmodellierung[1]
HTML	Hypertext Markup Language
IE	Internet Explorer
IEC	International Electrotechnical Commission
ISO	International Organisation for Standardization
KSA	Kommunikationsstrukturanalyse
OMG	Object Management Group
UML	Unified Modeling Language
URL	Uniform Resource Locator
XML	Extensible Markup Language

---

[1] Für die Abkürzung GPMO wurde das Buch von Funk, Gómez, Niemeyer, Teutenberg; Geschäftsprozessintegration mit SAP, S13 herangezogen.

Abbildungsverzeichnis

Tabellenverzeichnis

Zusammenfassung

Die Prozessmodellierung hat sich im Laufe der letzen Jahre zu einem der wichtigsten Werkzeuge, für die Gestaltung und Organisation von Abläufen entwickelt. Dank der Modellierungswerkzeuge lassen sich Geschäftsprozesse sehr genau abbilden und pflegen. Somit ist es möglich, die Abläufe nachhaltig zu dokumentieren, digitalisieren und weiter zu optimieren. Für die Pflege der gesamten Geschäftsdokumentation gibt es jedoch bis her noch keine saubere und einheitliche Lösung. Mit Prozessportalen wird genau an diesem Punkt angesetzt.

In dieser Arbeit werden die Prozessportale der Semtation GmbH und der BOC AG aus Benutzersicht auf ihre Eigenschaften und Funktionen hin analysiert und miteinander verglichen. Ziel ist es herauszufinden, welche Ansätze und Lösungen der beiden Firmen ihre jeweiligen Prozessportale schneller, flexibler und offener gestalten. Der erarbeitete Kriterienkatalog zeigt die Grundlage der Analyse auf. Bevor es zu der Analyse und dem Vergleich kommt, werden noch ein paar grundlegende Begriffe erläutert.

Das Ergebnis der Analyse zeigt, dass beide das Potenzial zu einem sehr guten Prozessportal haben. Dabei hat der Ansatz für die Prozessportale von SemTalk etwas mehr überzeugt. Zusammenfassend kann gesagt werden, dass Prozessportale eine neue Prozessqualität ermöglichen. Die Anwendungen und Services erreichen eine bisher nicht mögliche Flexibilität, Transparenz und Sicherheit. Sogar ein Einstieg für kleine und mittelgroße Unternehmen ist erschwinglich und lohnenswert.

Schlagwörter: Prozess, Geschäftsprozess, Portal, Prozessportal

1. Einleitung

Derzeit ist es bereits möglich, Geschäftsprozesse über ein Modellierungswerkzeug graphisch sehr genau abzubilden und diese graphische Darstellung dann über eine Exportfunktion in einer Webseite zu integrieren. Die Pflege der Geschäftsprozessdokumentation gestaltet sich dabei jedoch schon etwas schwieriger. Die Dateien werden da z.B. in einem Dateipool im Netzwerk abgelegt oder sie liegen auf dem Rechner, auf dem der Geschäftsprozess erstellt wurde. Problematisch dabei ist, dass diese Dateien erst mit einer dafür vorgesehenen Software geladen werden müssen, um die Modelle genauer zu betrachten. Ein weiteres Problem betrifft die einheitliche und saubere Führung der Geschäftsprozessdokumentation, wenn das Unternehmen mehrere Standorte besitzt. Dadurch kann es nicht nur zu Medien- und Kommunikationsbrüchen kommen sondern auch zu langsameren Reaktionszeiten bei Veränderungen. Außerdem fehlt auch ein rollenbasierter Zugriff auf prozessrelevanten Informationen.

Was fehlt, ist eine Bibliothek, in der die gesamten Prozesse abgelegt werden und bei Bedarf unabhängig von Ort und Zeit darauf zugegriffen werden können. Dabei soll die Möglichkeit gegeben werden, nicht nur die Datei zu finden, sondern auch das Modell einfach und unabhängig von der Software zu öffnen. Ziel ist es, dass Fachabteilungen in Zukunft die Prozesse eigenständig verbessern, vereinheitlichen und eventuell auch erstellen können. Dabei soll die Akzeptanz der erstellten Dokumentation durch eine Anbindung an die operativen Prozesse bereichsübergreifend verbessert werden, jedoch ein konsistentes Gesamtmodell erhalten bleibt. Mit einem Prozessportal wurde genau an diesem Problem angesetzt. Es bietet unter anderem die Möglichkeit, die Geschäftsprozesse in einer Dokumentenbibliothek abzulegen nach einem bestimmten Geschäftsprozess zu suchen sowie das jeweilige Modell zu öffnen. Das Prozessportal soll dabei nicht nur diese Funktionen besitzen, sondern auch leicht bedienbar sein, um es zu ermöglichen, dass die Benutzer damit arbeiten können ohne umfangreich geschult werden zu müssen.

Da dieser Ansatz noch relativ neu ist und es auch kaum Publikationen darüber gibt, werden mehrere Prozessportale auf ihren derzeitigen Stand hin überprüft. Für die genauere Betrachtung werden die Prozessportale der Semtation GmbH und das der BOC AG herangezogen, analysiert und verglichen. Dafür wurde ein Kriterienkatalog angefertigt, um erstens die Funktionalität der Portale zu betrachten, zweitens zu untersuchen, welche Voraussetzungen für die Nutzung gegeben sein müssen und drittens welchen Benutzerkomfort das Portal bereitstellt. Mit Hilfe dieses Kriterienkatalogs werden dann die Prozessportale analysiert. Dadurch soll eine Erkenntnis gewonnen werden, mit welcher Strategie sich ein Prozessportal besser, flexibler und offener gestalten lässt.

Aufbau der Arbeit

Am Anfang möchte ich einen kurzen Einblick in die Geschichte des Prozesses geben. Danach sollen grundlegende Begriffe definiert und zuletzt die Portale selbst genauer betrachtet werden.

Das zweite Kapitel beschäftigt sich mit den Kriterien des Prozessportals. Es soll geklärt werden, was ein Prozessportal ist, wozu es verwendet wird und welche Vorteile es bringt. Darauf aufbauend folgt der evaluierte Kriterienkatalog. Hier befindet sich eine detaillierte Auflistung aller Kriterien sowie deren genaue Beschreibung. Zusätzlich wird die Grundlage der Punktevergabe erläutert.

Der Kriterienkatalog stellt die Grundlage für die Analyse dar, welche im fünften Kapitel behandelt wird. Dort folgen Einzelanalysen des jeweiligen Portals, sowie das Ergebnis der Analyse in einem direkten Vergleich.

Im letzten Kapitel folgt ein Fazit der gewonnen Erkenntnisse und es wird ein möglicher Ausblick dargestellt.

2. Grundlagen

2.1. Geschichte der Prozessmodellierung

Prozessorientierung als „neue" Perspektive? Um dies beantworten zu können, möchte ich in der Geschichte etwas zurückgehen und auf herausragende Personen wie Adam Smith, Frederic Winslow Taylor und Henry Ford eingehen.

Adam Smith hat den Arbeitsvorgang auf einzelne Posten verteilte und effektiver gemacht. Danach war es Frederick Taylor, der mit dem Taylorismus und der Weiterentwicklung von Smith´s Grundsatz, die Aufteilung des Arbeitsvorgangs in kleinste Einheiten zu zerlegen und somit schnell wiederholbar zu machen, die Produktivität der Arbeit steigern konnte [SMIT 1776, TAYL 1911]. Dieses Wissen hat sich Henry Ford zunutze gemacht und 1913 mit der Einführung des Montagebandes - auch als Fließband bekannt - eine Steigerung der Produktivität um 400% erreicht [FORD 1913]. Das hat die damalige Arbeitswelt nachhaltig verändert. Denn nun mussten keine weiten Wege zurück gelegt werden, um zu den einzelnen Stationen zu gelangen, denn die Arbeit wurde zu dem Arbeiter befördert. Damals wurde jedoch keine Unterscheidung zwischen der Aufbau- und Ablauforganisation vorgenommen. Dadurch gab es eine starke Spezialisierung und eine hohe Funktionshierarchie, was zu vielen arbeitstechnischen Problemen führte. Erst Fritz Nordsieck brachte dann eine neue Sichtweise ein, in dem er die Aufbauorganisation über die Ablauforganisation gestellt hat. Er erkannte 1932 als einer der Ersten, dass zwischen Aufbau- und Prozess-organisation unterschieden werden muss [FGNT10]. Auf die Notwendigkeit einer Prozessorientierung in Unternehmen, weist Nordsieck darauf hin: *„Der Betrieb ist in Wirklichkeit ein fortwährender Prozess, eine ununterbrochene Leistungskette. [...] anzustreben ist jedem Fall eine klare Prozessgliederung."* [FGNT10]. So kam eine dualistische Sichtweise zustande. Seit den 1980ern wurde versucht, eine offen-dynamische Sichtweise zu schaffen in dem sich mehr auf die Ablauforganisation konzentriert wurde. An Stelle der Funktionalorganisation trat in zunehmendem Maße die Prozessorganisation. Sie wird gezielt gestaltet und durch IT-unterstützte Prozesse aufgebaut. Dabei wurde die die Prozessmodellierung zu einem der wichtigsten Werkzeuge für die Gestaltung und Organisation von Arbeitsabläufen. Denn wer Prozesse managen will, muss sie beschreiben und dokumentieren können. Die einfachste Variante der Darstellung wäre textuell oder tabellarisch. Meist werden auch Präsentations- oder Grafikprogramme genutzt. Jedoch genügt dies alleine nicht, um eine genauere Darstellung komplexerer Prozesse mit allen relevanten Aspekten, wie Verzweigungsregeln, Ereignissen, ausführenden Organisationseinheiten, Datenflüsse usw. abzubilden.

2.2. Begriffe der Prozessmodellierung

Im Folgenden werden einige zentrale Begriffe kurz definiert.

Prozess

Der Begriff „Prozess" wird in der Datenverarbeitung im Allgemeinen, als ein tatsächlicher Ablauf einer Informationsverarbeitung beschrieben. Genauer betrachtet wird der Prozess formal als eine Folge von Aktivitäten, die zu einem Endstand führen verstanden. Aktivitäten können dabei beliebiger Arte sein, z.b. menschlich, biologisch, informationstechnisch oder politisch. Daher lässt sich von der allg. Definition eine für die Informatik und Wirtschaftsinformatik eher verstandene Definition ableiten [Vgl. PESK].

„Ein Prozess ist eine durch ein Ereignis ausgelöste Folge von Aktivitäten und/oder Zuständen, die zu einem Endstand führen." [PESK]

Geschäftsprozess

Der Geschäftsprozess, steht als Synonym für den betrieblichen Prozess und setzt sich aus mehreren Schritten zusammen, die in einer bestimmten Reihenfolge durchzuführen sind, um so das gewünschte Ergebnis zu erreichen [vgl. WILH07 S. 1]. Durch die vorgegebenen Regeln („business rules") wird die zulässige Vorgehensweise der Geschäftsprozesse entweder festgelegt oder eingegrenzt. Innerhalb der Betriebs-wirtschaftslehre sowie der Wirtschaftsinformatik hat der Begriff des Geschäftsprozesses stark an Bedeutung gewonnen. Ein Zeichen dafür sind die zahlreichen Publikationen, die sich mit diesem Thema befassen. In der Literatur finden sich eine Vielzahl verschiedener Definitionen für den Geschäftsprozess [vgl. SCHW96 S.5][2], die jeweils verschiedene Komponenten hervorheben, jedoch nicht die Gesamtheit des Geschäftsprozesses erfassen. Erst Schwickert entwickelte eine umfangreiche Definition:

„Der Prozess ist eine logisch zusammenhängende Kette von Teilprozessen, die auf das Erreichen eines bestimmten Zieles ausgerichtet sind. Ausgelöst durch ein definiertes Ereignis wird ein Input durch den Einsatz materieller und immaterieller Güter unter Beachtung bestimmter Regeln und der verschiedenen unternehmensinternen und - externen Faktoren zu einem Output transformiert. Der Prozess ist in ein System von umliegenden Prozessen eingegliedert, kann jedoch als eine selbständige, von anderen Prozessen isolierte Einheit, die unabhängig von Abteilungs- und Funktionsgrenzen ist, betrachtet werden. [SCHW96 S.10]"

Geschäftsprozesse können in drei Hauptkategorien unterteilt werden: in den Kernprozess, in den Führungsprozess und in den Unterstützungsprozess. Ziel ist es, die Geschäftsprozesse sicherer, wirtschaftlicher, effizienter und schneller ablaufen zu lassen [Vgl. UPRO].

Geschäftsprozessmanagement (GPM)

Das GPM gehört zu den ganzheitlichen Managementkonzepten, welches sich mit der Analyse und Überwachung, sowie der Konstruktion und Anwendungen von konzeptionellen Modellen für die Geschäftsabläufe von Unternehmen und Verwaltung befasst. Die Schwerpunkte des GPM liegen insbesondere beim Identifizieren, Planen, Gestalten, Modellieren, Dokumentieren, Überwachen, Steuern und dem Optimieren von Geschäftsprozessen. Diese Aufgaben werden in der Regel dauerhaft wahrgenommen, damit sichergestellt wird, dass die Geschäftsprozesse sowohl die strategischen Ziele als auch die Kundenziele erfüllen [vgl. FGNT10 S.13].

---

[2] Schwickert, A; Fischer, K; Der Geschäftsprozess als formaler Prozess - Definition, Eigenschaften, Arten: Arbeitsmappe 4/1996, Universität Mainz

Geschäftsprozessmodellierung (GPMO)

GPMO beschäftigt sich mit der Konstruktion von Geschäftsprozessmodellen. Es werden dabei Informationsmodelle eingesetzt, welche als Wissensträger und Kommunikationsmedium den zu gestaltenden Prozess unterstützen sollen. Zu den primären Zielen der GPMO gehören [vgl. FGNT10 S.13],

- die Dokumentation der Geschäftsprozesse eines Unternehmens,
- die Vorbereitung einer Geschäftsprozessverbesserung bzw. -restruktierung,
- die Vorbereitung der Automatisierung bzw. IT-Unterstützung (Workflows) der betrieblichen Abläufe,
- die Festlegung von Prozesskennzahlen zum Benchmarking der Prozessleistung,
- die Definition von Service Level Agreements wie bspw. Bei Outsourcing-Aktivitäten,
- ein Internes und externes Benchmarking zwischen Unternehmensteilen, Geschäftspartnern und Konkurrenten,
- das Aufzeigen von Best Practices in Form von Referenzmodellen,
- das Compliance Management, d.h. das Abgleichen der Geschäftsprozesse mit den geltenden Regelungen des Unternehmens und regulatorischen Anforderungen des Gesetzgebers,
- das Erfüllen von Auflagen von Geschäftspartnern sowie
- das Erlangen von Zertifizierungen.

Weitere Zielsetzungen der GPMO sind,

- das Einarbeiten von Mitarbeitern in die betrieblichen Abläufe,
- das Vermeiden von Wissensverlust (zum Beispiel aufgrund starker Mitarbeiterfluktuation sowie
- die Unterstützung des Qualitätsmanagements.

Prozessmodell

Das sogenannte Prozessmodell ist eine vereinfachte Abbildung von Prozessen einer Organisation. Sie stellen die Abfolge von Funktionen beziehungsweise Tätigkeiten dar. Die Abläufe der Funktionen/ Tätigkeiten können so veranschaulicht und eindeutig dokumentiert werden. Die Prozessmodelle lassen sich, je nach Zielstellung, in unterschiedlichen Detaillierungsgrad und Umfang modellieren. Um die Modelle besser zu verstehen, werden Symbole als standardisierte Beschreibungssprache benutzt. So können Prozessmodelle während eines Organisationsprojekts, aber auch während der alltäglichen Arbeit in einer Organisation, für verschiedene Zwecke genutzt werden. Wenn ein Prozessmodell als standardisierte Dokumentationsform genutzt werden soll, wird eine Zertifizierung nach der DIN EN ISO 9000:1000[3] benötigt. Dadurch, dass die Modelle der Vermittlung von Verständnis über Tätigkeiten, Funktionen, Rollen und Schnittstellen dienen, kann sich somit auch die Transparenz von Abläufen innerhalb und außerhalb der Organisation erhöhen. Ein weiterer wichtiger Aspekt ist, dass eine Basis für weiterführende Aktionen wie Schwachstellenanalysen oder Optimierung organisatorischer Abläufe geschaffen wird. Unter der Zuhilfenahme spezieller Software sind Prozessmodelle die Grundlage für Simulationen und Veränderungen. Für eine vollständige Prozessdokumentation sollten laut Bundesministerium des Innern die folgenden Informationen enthalten sein [vgl. BMDI]:

- Zweck des Prozesses
- Prozessbesitzer
- Prozessabgrenzungen
- Prozessverantwortliche und deren Zuständigkeiten
- Kunden des Prozesses

---

[3] DIN EN ISO 9000:1000 wird vom Bundesministerium des Innern vorgegeben (http://www.orghandbuch.de/nn_413578/OrganisationsHandbuch/DE/6__MethodenTechniken/62__Do kumentationstechniken/624__Prozessmodelle/prozessmodelle__inhalt.html).

- Beschreibung des Prozesses
- Geltende Vorschriften, Vorgaben oder Verfahrensanweisungen
- Dokumentationshinweise
- Angaben zum Änderungsdienst
- Administrative Hinweise (Dateinamen, Zugriffsberechtigung, Änderungsberechtigung)

Modellierungssprachen
Im Laufe der Zeit entstanden verschiedene Modellierungssprachen für die Prozess-modellierung. Diese können formal oder semiformal sein und basieren meist auf einer grafischen Notation.

Einer der bekanntesten Namen der Prozessmodellierung ist Carl Adam Petrie. Er hat 1962 die nach ihm benannten Petrinetze[4] erfunden. Seit 2004 kam zu den Petrinetzen der ISO/IEC 15909-Standard hinzu. Aus dem Petrinetz wurden weitere Klassen zur Modellierung von parallelen und alternativen Aktivitäten abgeleitet [vgl. FGNT10. S.28-37], wie z.b. die populäre und in der Praxis weitverbreitete Modellierungssprache Unified Modeling Language (UML). Sie wurde 1990 von Grady Booch, Ivar Jacobson und James Rumbaugh vorgeschlagen und unter der Leitung der Object Management Group (OMG) standardisiert und 1996 in eine neue Version in UML 1.0 weiter überarbeitet. Zum OMG-Standard kam die ISO 19501 sowie weitere Funktionen hinzu und im Jahr 2004 wurde UML 2.0 veröffentlicht. Eine weitere dieser bekannten Sprachen ist die Ereignisgesteuerte Prozesskette (EPK), die 1992 von einer Arbeitsgruppe unter der Leitung von August-Wilhelm Scheer entwickelt wurde. Weitere bekannte Sprachen sind die Erweiterten ereignisorientierte Prozesskette (eEPK), die Kommunikationsstrukturanalyse (KSA)-Methode sowie die Business Process Modeling Notation (BPMN).

Die BPMN ist heutzutage eine der meist benutzten Modellierungsnotationen für Geschäftsprozesse. Sie stellt Symbole zur Verfügung, mit denen Geschäftsprozesse und Arbeitsabläufe (Workflows) modelliert werden können. Die BPMN wurde 2004 von dem IBM Mitarbeiter Stephan A. White entwickelt und durch die Business Process Management Initiative (BPMI) veröffentlicht. Seit 2005 wurde die Pflege von der OMG übernommen und fusionierte gleichzeitig mit der BPMI. 2006 wurde BPMN 1.0 als offizieller Standard der OMG (so wie bei der UML) aufgenommen. Zwei Jahre später folgte die BPMN mit der Version 1.1 und 2009 mit der Version 1.2. Anfang des Jahres 2011 erschien die Version 2.0 [vgl. ALLW09 S.10]. Zusätzlich wurde der Name in Business Process Model and Notation umbenannt.

Prozesslandkarte
Die Prozesslandkarte gibt eine Übersicht, welche Prozesse im Unternehmen vorhanden sind sowie deren Beziehungen zwischen Kunden und Lieferanten, sowohl im internen als auch im externen Bereich und stellt so die Abfolge und Wechselwirkung eines Betriebes dar[vgl. WILH07 S.34]. Der wesentliche Zweck einer Prozesslandkarte ist es, eine Übersicht über die wichtigsten Prozesse zu erhalten, die für die Erstellung der angebotenen Produkte und Dienstleistungen benötigt werden und nicht eine vollständige Erfassung der betrieblichen Vorgänge [vgl. WILH07 S.36].

---

[4] Petri C. A., Grundsätzliches zur Beschreibung diskreter Prozesse, 1965.

2.3. Portale

Mit dem Internet nahm auch das Angebot an global verfügbaren Informationen zu. Die Informationen und das sich daraus ergebene Datenmaterial wuchsen jedoch rasch zu einer Komplexität heran, die viele Benutzer schlichtweg überforderten. Um eine zentrale und übersichtliche Struktur und Bündelung zu erreichen, entstand das so genannte Portal. Dies wird als *„Einstiegsseite in das Internet"* bezeichnet und soll in Themenbereiche gegliedert, sowie mit Suchfunktionalitäten ausgestattet sein und somit den Nutzern, die Orientierung und die Navigation erleichtern. Als Beispiel möchte ich hierfür AOL oder Yahoo (Abbildung 1: Beispielportal Yahoo) erwähnen [vgl. KGHV04 S. 3].

Abbildung 1: Beispielportal Yahoo

Es wurde jedoch weiterhin ein Wachstum an Informationen und Daten verzeichnet, so dass die ursprüngliche Navigationsunterstützung der Portale bald nicht mehr ausreichte. Um die Unterstützung weiter gewährleisten zu können, wurden weitere Funktionen wie die Personalisierung der Seiten mit integriert. Dadurch sind die Portale häufig themenspezifisch abgegrenzt und versuchen so bestimmte Zielgruppen anzuziehen. Ein Beispiel hierfür wäre iGoogle, wo die Seite durch Gadgets und Apps[5] selbst gestaltet werden kann, wie in Abbildung 2 zu sehen ist.

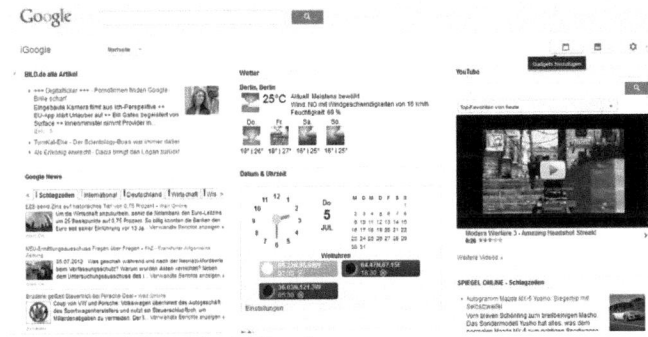

Abbildung 2: Beispielportal iGoogle

---

[5] App - Application ist Ein Anwendungsprogramm, dass speziell an die Zielplattform angepasst wurde.

Auch die Unternehmen haben sich diese Form der Darstellung im Internet zunutze gemacht. Nun konnte die Informationen, die bislang nur in gedruckten Broschüren vorlagen, auf der Unternehmenswebseite zur Verfügung gestellt werden. Ziel ist es, neue Interessenten, sowie Kunden, Lieferanten und sogar potenzielle Bewerber zu erreichen. Dabei geschieht der Informations- und Datenaustausch allerdings nicht nur über offene Systeme. Mit dem Intranet stellen die Unternehmen für ihre Mitarbeiter in einem geschlossenen System ebenfalls Informationen zur Verfügung. Das reicht von Organigrammen über interne Formulare bis hin zum Speiseplan der Kantine. In der Regel waren diese Seiten jedoch statisch, so dass die Pflege zentral und manuell vorgenommen werden musste. Es blieb nicht aus, dass auch hier der Anspruch mit der Fülle an Informationen anstieg. Die Folge war Personalisierung der Seiten, Zugriff auf benutzerspezifische Inhalte, dezentrale Contenterstellung bis hin zur Unterstützung von Geschäftsprozessen [vgl. KGHV04 S. 3].

Durch den erhöhten Anspruch veränderte sich die Interpretation der Portaldefinition von der *„Webseite, die als Einstiegsseite ins Internet von möglichst vielen Nutzern bzw. Benutzern besucht werden soll [GAWLb]"* hin zur *„multiplen Unternehmensanwendung, in welcher Inhalte, Dienste und Funktionen integriert und zudem benutzerspezifisch angepasst werden* [KGHV04 S. 3]". Mit der Einführung eines Unternehmensportals können die Geschäftsprozesse elektronisch unterstützt und deren Abwicklung optimiert werden. Für einen medienbruchfreien Prozessfluss wurde mit der Integration in die Back-End-Systeme gesorgt.

Die Unternehmen nutzen dabei eine Vielzahl an Portalen für die überbetriebliche Zusammenarbeit mit Lieferanten und Kunden. Durch die Bereitstellung von Informationen über eine homogene Benutzerschnittstelle wird versucht eine verbesserte Kundenbindung, eine Kostenreduktion, sowie eine verbesserte Prozesseffizienz zu erreichen. Dies sind auch die wesentlichen Vorteile eines Portals. [vgl. PUSC04 S. 1-2]

3. Definition und Kriterien von Prozessportalen

3.1. Prozessportale (nach Puschmann)

Es gibt derzeit verschiedene Ansätze von Definitionen für Prozessportale. In der Literatur werden die Prozessportale oft mit den Unternehmensportalen gleichgesetzt [ZORN07]. Aber in Unternehmensportalen werden diverse Service und Anwendungen zur Verfügung gestellt, während die Prozessportale hingegen für die Ausführung von Unternehmensprozessen zuständig sind. Sie gehören damit nur zum Teil zu den Unternehmensportalen. Außerdem nutzen Prozessportale die zur Verfügung stehenden Anwendungen und Services im Kontext eines definierten und workflowgestützten Prozesses. [Vgl. PUSC04]

Eine mögliche Definition kommt von Thomas Puschmann: *„Ein Prozessportal ermöglicht den Zugriff auf Geschäftsprozesse inklusive aller dazu notwendigen Informationen in einer Web-Applikation und kann Teil eines Unternehmensportal sein. [PUSC04]"*

In den Prozessportalen werden die Prozesse nicht nur dokumentiert, sondern auch automatisiert. Desweiteren werden die Prozesse, im Gegensatz zu den häufig anzutreffenden digitalen Organisationshandbüchern hier auch ausgeführt, so dass sie immer mit der richtigen Information zur richtigen Zeit am richtigen Platz sind. Der Prozesslebenszyklus gehört ebenfalls zu einer Komponente der Prozessportale, dank der übergeordneten Softwaregattung der Business Process Management Suites (BPMS). Die Bestandteile des Prozesslebenszykluses bestehen aus der Modellierung, der Ausführung und dem Beobachten sowie das Steuern der Prozesse anhand von Kennzahlen in einem dafür angelegten Management Informationssystems. Mit Hilfe der daraus gewonnenen Erkenntnisse, kann das Prozessmodell dann optimiert werden.

Funktional getriebene Unternehmen können, dank eines Prozessportals so Stück für Stück zu einem prozessorientierten Unternehmen umgesetzt werden. Funktionalitäten und Prozesse können dabei in Prozessportale sehr flexibel und dynamisch ergänzt werden, welches einen sanften Übergang in diesem, aus Organisationssicht, sensiblem Umfeld ermöglicht.

Nachfolgend kommen die Eigenschaften von Prozessportalen [ZORN07]:

- Abbildung modellierbarer und konfigurier barer Prozesse
- Grundlage sind prozessorientierte Strukturen
- Durchgängige Digitalisierung
- Messung und Steuerung von Prozessläufen
- Keine Medien- und Kommunikationsbrüche
- Applikations- und abteilungsübergreifende Prozesse
- Rollenbasierter Zugriff auf prozessrelevante Information
- Flexibel und schnell
- Integrationsplattform
- Transparenz von Dritt-Anwendungen
- Unterstützung dynamischer, agiler Geschäftsprozesse
- Real-Time-Enterprise

Prozessportale haben das Ziel die einzelnen Rollen mit inner- und überbetrieblichen Applikationen zu verbinden. Informationssystemarchitekturen (IS-Architekturen) bilden hier die Grundlage für dieses reibungslose Zusammenspiel. Sie definieren sich ausgehend vom Kundenprozess und ermöglichen eine nahtlose Integration aller hierbei involvierten Anwendungsbausteine [PUSC04]. Weitere Ziele von Prozessportalen sind:

- Reduktion der Prozesskosten
- Beschleunigung der Prozessdurchlaufzeiten
- Verbesserung der Prozessqualität
- Schnelle Reaktion bei Änderungen
- Verteilte Prozessbearbeitung
- Prozesstransparenz

Dadurch soll neben einer Arbeitserleichterung, mehr Zufriedenheit, bessere Nachvollziehbarkeit, eine höhere Messbarkeit sowie eine Fehlerminimierung, mehr Zuverlässigkeit, höhere Sicherheit und mehr Performance erreicht werden.

Zusammenfassend kann gesagt werden, dass Prozessportale eine neue Prozessqualität ermöglichen und eine bisher nicht mögliche Flexibilität, Transparenz und Sicherheit erreichen. Die Anwendungen und Services werden für die Prozessbeteiligten transparent integriert. Sogar ein Einstieg für kleine und mittelgroße Unternehmen ist erschwinglich und lohnenswert. [ZORN07]

3.2.   Kriterienkatalog

Für die Analyse wurde ein Kriterienkatalog erarbeitet, um eine gute und stabile Grundlage zu bekommen. Die jeweiligen Kriterien wurden von mir vor der Untersuchung erarbeitet und zusammengetragen. Dabei wurden die unter Punkt 3.1. erarbeiteten Eigenschaften und Ziele an Prozessportalen, die Anforderungen von den jeweiligen Betreibern der getesteten Portale sowie die Sicht eines Benutzers für solch ein Portal mit berücksichtigt,.

Alle Kriterien wurden bestimmten Kategorien zugeordnet, um den Katalog übersichtlicher zu gestalten. Jeder Kategorie wurde ein Prozentwert zugewiesen, um verschiedene Wertigkeiten ausdrücken zu können. Dadurch lässt sich auch jedem Kriterium ein Prozentwert zuteilen, um zu sehen wie sich die Werte der Kategorien zusammensetzen. Die Bewertung jedes Kriteriums erfolgt durch ein Punkte-System. Die Punkteskala verläuft von 0 bis 5 Punkte pro Kriterium, wobei die 0 für schlecht bzw. für nicht vorhanden und die 5 für sehr gut steht. Werden alle Kriterien einer Kategorie mit 5 Punkte bewertet, wird diese Kategorie mit 100% erfüllt. Bei weniger Punkten sinkt auch der Prozentwert, was sich dann auf den Gesamtwert auswirkt. Es ist also insgesamt ein Maximalwert von 100% zu erreichen.

Die Kriterien sind dazu da, um einen Überblick zwischen den Testobjekten zu bekommen. Das Ergebnis spiegelt wider welches der beiden getesteten Portale einen insgesamt besseren Eindruck vermittelt. Bevor es zur Punkteverteilung kommt, werden die jeweiligen Kriterien erläutert, wie die einzelnen Punkte zu Stande kommen. Ich möchte darauf hinweisen, dass die 100 Punkte der Idealwert ist. Das heißt nicht, dass die Portale schlecht sind, wenn sie diese 100 Punkte nicht erreichen. Es sollte allerdings wenigstens eine Punktzahl von 51 Punkten erreicht werden, um als Prozessportal erwartet werden zu können. Anhand des Schlüssels für die Punktevergabe lässt sich dann ablesen, wie die Bewertung ausgefallen ist. Der Schlüssel gliedert sich wie folgt:

100 - 90 Punkten	Sehr gut
89 - 80 Punkte	Gut
79 - 64 Punkte	Befriedigend
63 - 51 Punkte	Ausreichend
50 und weniger Punkte	Ungenügend

Bei der Gewichtung wurden die Beziehung der Hauptkategorien mit einander und mit Hilfe einer Beziehungstabelle (Tabelle 1: Beziehungstabelle) verglichen. Neben den daraus resultierenden Ergebnis (Tabelle 2: Gewichtungstabelle) hat jede Hauptkategorie für sich einen Wert von 100%, diese wurde auf die jeweiligen Unterkategorien, ebenfalls je nach Wichtigkeit aufgeteilt. Das heißt die Summe der Unterkategorien einer Hauptkategorie ergibt 100%.

Tabelle 1: Beziehungstabelle

Beziehung der Bewertungskriterien zueinander	A	B
Bewertungskriterium A ist sehr viel wichtiger als B	9	1
Bewertungskriterium A ist viel wichtiger als B	7	3
Bewertungskriterium A ist wichtiger als B	6	4
Beide Bewertungskriterien sind etwa gleichwertig	5	5
Bewertungskriterium A ist weniger wichtig als B	4	6
Bewertungskriterium A ist viel weniger wichtig als B	3	7
Bewertungskriterium A ist sehr viel weniger wichtig als B	1	9

Das A und B der Beziehungstabelle wird durch das jeweilige Kriterium ersetzt, z.B. kann für A die funktionellen Kriterien stehen, welche sehr viel wichtiger sind als bei B z.B. die Kosten. Mit Hilfe der Beziehungstabelle entstand die nachfolgende Gewichtungstabelle, welche als Grundlage für die Bewertung dient. Der Prozentwert jeder Hauptkategorie wird mit der in dieser Kategorie erreichten Punktzahl multipliziert und mit den Ergebnissen der anderen Kriterien addiert und am Ende durch 100 dividiert. Daraus ergibt sich dann ein Wert für das Endergebnis der Analyse zeigt. In einer Formel ausgedrückt würde es wie folgt aussehen:

((Summe der funktionalen Kriterien multipliziert mit dem Prozentwert der funktionalen Kriterien) plus (Summe der technische Kriterien multipliziert Prozentwert der technischen Kriterien) plus (Summe der Usability multipliziert mit dem Prozentwert der Usability) plus (Summe des Identitätsmanagement multipliziert mit dem Prozentwert des Identitätsmanagements) plus (Summe der Kosten multipliziert mit dem Prozentwert der Kosten)) dividiert durch 100.

Tabelle 2: Gewichtungstabelle

Gewichtungstabelle	1	2	3	4	5	Punkte	In %
1. funkt. Kriterien	-	7	7	7	9	30	30%
2. tech. Kriterien	3	-	6	6	7	22	22%
3. Usability	3	4	-	6	7	20	20%
4. Identitätsmanagement	3	4	4	-	7	18	18%
5. Kosten	1	3	3	3	-	10	10%
						100	100%

Der Vollständigkeit halber und als Überglick, die Liste aller Kriterien und ihrer Gewichtung. Danach folgt die Beschreibung der jeweiligen Kriterien.

Funktionelle Kriterien	**30%**
- Suche	5%
- Erweiterte Suche	15%
- Navigation	15 %
- Darstellung der Prozesse	5%
- Prozesssteckbriefe	10%
- Repository	10%
- Dokumentenbibliothek	10%
- Feedback Funktionen	15%
- Export Funktionen	10%
- Updates/ Aktualisierung	5%

Technische Kriterien	**22%**
- Betriebssystem	2%
- Cloudbasierte-Lösung	10%
- Browserwahl	10%
- Soft-/ Hardware Voraussetzungen	40%
- Verfügbarkeit	15%
- Performance	20%
- Zugriff auf Endgeräte	3%

Usability	**20%**
- Farbauswahl	20%
- Schriftauswahl	20%
- Benutzeroberfläche	20%
- Mehrsprachigkeit	20%
- Lokalität	20%

Identitätsmanagement	**18%**
- Rollenkonzept	50%
- Benutzerkonto	25%
- Anmelden	25%

Kosten	**10%**
- Bereitstellung und Einrichtung	50%
- Pflege	25%
- Wartung	10%
- Schulung	15%

Funktionelle Kriterien

Zunächst wird überprüft, ob eine bestimmte Funktion überhaupt vorhanden ist und wenn ja, wie sie sich benutzen lässt. Außerdem wird darauf geachtet, ob es Abweichungen gibt oder ob es zu Fehlern kommt.

Suche: Bei der Suche kommt es darauf an, ob das gesuchte Objekt schnell gefunden wird. Ein weiteres Kriterium die Vervollständigungshilfe. Sie sollte nach einer bestimmten Anzahl von eingegebenen Buchstaben selbständig mögliche Schlagwörter vorschlagen.

Abwertungen werden vorgenommen, wenn keine Vervollständigungshilfe vorhanden ist, das eingegebene Wort nicht in der Suchergebnisliste auftaucht, Information gegeben wird, dass das gesuchte Objekt nicht gefunden wurde, die Suche länger als fünf Sekunden dauert, der Zusammenhang von Suchwort und Ergebnis nicht erkennbar ist oder wenn das Sucheingabefeld nicht ausreichend beschriftet oder schwer als solches zu erkennen ist. Keine Punkte werden vergeben, wenn Suchoption nicht vorhanden ist.

5 Punkte: Alle Kriterien werden voll erfüllt.
4 Punkte: Ein Kriterium weißt einen Mangel auf.
3 Punkte: Zwei Kriterien weißen einen Mangel auf.
2 Punkte: Drei Kriterien weißen einen Mangel auf.
1 Punkt: Suchfunktion ist zwar vorhanden, aber kein Kriterium wurde erfüllt.
0 Punkte: Suchfunktion ist nicht vorhanden.

Erweiterte Suche: Unter der erweiterten Suche verbergen sich zusätzliche Möglichkeiten der Suche, die sich von der normalen Suche abheben. Es wird überprüft, ob es zusätzliche Möglichkeiten gibt, um an das gewünschte Ziel zu gelangen und wenn ja, wie diese funktionieren. Ein Beispiel ist die semantische Suche. Dabei wird getestet, ob das Portal einen Sinn in der Suchanfrage erkennt und somit nicht nur Texte mit dem gesuchten Begriff, sondern auch Texte, die im Zusammenhang mit dem Begriff stehen, gefunden werden. So können bei größeren Mengen lange Suchergebnisse vermieden werden und es gibt dem Bediener die Möglichkeit, nach Schlagwörter zu suchen. Weitere Möglichkeiten der Suche wären die Prozesslandkarte, das Durchklicken von Prozessen oder durch die Selektion weiterer Kriterien, wie etwa alphabetische Gliederungen nach Name, Bearbeiter oder Verantwortlichem.

Die erweiterte Suche ist ein wichtiges Kriterium und sollte deshalb so umfangreich wie möglich vorhanden sein. Daher sollte es verschiedene Möglichkeiten, neben der normalen Suche geben, um den gewünschten Prozess oder das gewünschte Ziel zu finden. Jedoch sollten die Suchanfrage und die Suchergebnisse dabei stets übersichtlich bleiben. Sind diese Kriterien erfüllt wird hier die volle Punktzahl vergeben. Weitere Möglichkeiten der Suche wären z.B. die Live-Suche, die semantische Suche, die Suche über die Prozesslandkarte, die Suche durch eine alphabetische Anzeige des Prozessnamens, des Bearbeiters oder Verantwortlichen oder indem sich der Bediener durch die Prozesse und deren Verfeinerungen klickt.

5 Punkte: Für vier oder mehr Suchoptionen.
4 Punkte: Für drei Suchoptionen.
3 Punkte: Für zwei Suchoptionen.
2 Punkte: Für eine Suchoption.
1 Punkt: Wenn die angebotenen Möglichkeiten nicht funktionieren.
0 Punkte: Wenn keine zusätzlichen Suchoptionen angeboten werden.

Als Fehler wird gezählt, wenn eine Fehlermeldung beim Klicken auf einen Namen oder einen Prozess ausgegeben wird, wenn bei der alphabetischen Gliederung die Namen nicht alphabetisch dargestellt werden, Links sich nicht öffnen lassen oder zu einem falschen Ziel weiterleiten, die vorgeschlagenen Ergebnisse keinen Bezug auf den eingegebenen Suchbegriff nehmen oder in deren Zusammenhang stehen oder eine vollständige Ausgabe der Datenbank-bestände erfolgt.

Navigation: Die Navigation bestimmt, welche Möglichkeiten dem Benutzer gegeben werden, um zu einem bestimmten Ziel zu gelangen. Diese können, z.B. über eine Prozesslandkarte, über das Prozessmodel selbst, über Detailansicht, einer Baumstruktur oder über fachliche Sichten, wie Organisationssicht, Produktsicht oder sogar über einen Leistungskatalog realisiert werden. Außerdem sollte es möglich sein, von jeder Seite aus wieder zurück zur Startseite zu gelangen.

5 Punkte: Für vier oder mehr Möglichkeiten der Navigation.
4 Punkte: Für drei Möglichkeiten der Navigation.
3 Punkte: Für zwei Möglichkeiten der Navigation.
2 Punkte: Für eine Möglichkeit der Navigation.
1 Punkt: Wenn die gegebenen Navigationsmöglichkeiten nicht an die gewünschten
             Ziele führen.
0 Punkte: Wenn es keine Möglichkeit der Navigation gibt.

Abzüge gibt es, wenn der Link das falsche Ziel hat, gar nicht weiterleitet oder eine Fehlermeldung erscheint.

Darstellung der Prozesse: Hier wird bewertet, welche Möglichkeiten für die Darstellung der Prozesse geboten werden, wie z.B. Modellsicht, tabellarische Sicht oder benutzerdefinierte Sicht. Bei der tabellarischen Sicht handelt es sich um eine Darstellung des Modells, wobei hier nicht das Reporting gemeint ist sondern lediglich das Modell in einer Tabelle wiedergegeben wird. Bei der benutzerdefinierten Sicht handelt es ich um eine Darstellung, der Benutzer selbständig festlegt. Das bedeutet, der Benutzer kann entscheiden, ob das Modell alle Details anzeigt oder nur die Grundinformation liefert.

Es gibt Benutzer, die eine tabellarische Darstellung einer graphischen vorziehen. Auch kann es sein, das ein Browser nicht auf dem aktuellsten Stand ist oder bestimmte Formate nicht unterstützt. Daher sollte es die Möglichkeit geben, die Prozesse in verschiedenen Formen anzeigen zu lassen.

5 Punkte: Wenn es mehr als zwei Darstellungsmöglichkeiten gibt.
4 Punkte: Wenn es mindestens zwei Darstellungsmöglichkeiten gibt
3 Punkte: Wenn es nur eine graphische Darstellung gibt.
0 Punkte: Wenn die Darstellung gar nicht funktioniert.

Unter einem Fehler wird verstanden, wenn die Schrift in den Elementen nicht oder fehlerhaft bzw. unleserlich angezeigt wird, die Informationen zu den Elementen nicht gefunden werden oder die Verlinkung zu anderen Prozessen oder den Dokumenten nicht funktioniert.

Prozesssteckbriefe: Ein Prozesssteckbrief wird zusätzlich zu einem Prozess angelegt. Er beinhaltet nicht nur wichtige Inhaltsangaben sondern auch Metadaten. Da es bei Optimierungen vorkommen kann, dass sich bestimmte Eigenschaften bei einem Prozess ändern, sollte auch das Bearbeiten dieser Steckbriefe möglich sein. Es wird getestet, inwiefern es möglich ist, den Steckbrief im Nachhinein noch einmal zu bearbeiten. Je nachdem, ob die Rollenzuweisung es zulässt, sollte es dem Benutzer möglich sein, einen Steckbrief zu öffnen, zu bearbeiten und zu speichern.

Es wird getestet, ob ein Benutzer mit den jeweiligen Rechten ein Prozesssteckbrief entweder nur öffnen, öffnen und bearbeiten, veröffentlichen, umbenennen oder sogar löschen kann. Wenn die gegebenen Rechte der jeweiligen Rollen funktionieren und die Zugriffe auf die jeweiligen Steckbriefe eingeschränkt oder sogar nicht sichtbar sind, wird die volle Punktzahl vergeben.

5 Punkte: Wenn sich die Prozesssteckbriefe öffnen, bearbeiten und speichern lassen.
4 Punkte: Wenn sich die Prozesssteckbriefe öffnen lassen, jedoch nur die Informationsdaten bearbeitet werden können und nicht auch noch die Metadaten.
3 Punkte: Wenn sich die Prozesssteckbriefe nur öffnen lassen um ihre Daten anzeigen zu lassen aber nicht weiter bearbeitet werden können.
0 Punkte: Wenn sich die Prozesssteckbriefe weder öffnen noch bearbeiten lassen.

Repository: Darunter wird eine Ablage von Objekten verstanden, die bei der Erstellung von Prozessen entstehen. Darunter fallen unter anderem die Begriffsbibliotheken, Rollen in den Prozessen und Aktivitäten. Es wird überprüft, ob es ein Verzeichnis für die angelegten Objekte gibt und ob drauf zugegriffen werden kann, um es zu verwalten.

Für die Bepunktung, wird als erstes geprüft ob es ein Verzeichnis für die Objekte gibt. Dann ob es die Möglichkeit gibt darauf zu zugreifen, um bei neuen Projekten keine redundanten Daten anzulegen. Ein weiterer Punkt ist, wie und ob man das Verzeichnis bearbeiten kann, z.B. wenn es redundante Daten gibt diese zu entfernen oder Fehler wie Rechtschreibung oder Grammatik beheben werden können.

5 Punkte: Wenn es ein Verzeichnis zur Verwaltung der erstellten Objekte gibt und diese dort verwaltet werden können.
0 Punkte: Wenn es kein Verzeichnis gibt wodurch alle Daten wild gesammelt werden und auch keine Unterscheidung gemacht wird, was zu Redundanz führt.

Dokumentenbibliotheken: Damit wird der Ort bezeichnet, in dem die gesamten publizierten Geschäftsprozesse abgelegt werden. Eine Versionierung gehört ebenfalls dazu.

Für die Punktevergabe wird als erstes geprüft, ob es ein Verzeichnis für die Dokumentenbibliothek gibt. Dann, ob es die Möglichkeit gibt, darauf zu zugreifen, um bei neuen Projekten keine redundanten Daten anzulegen. Ein weiterer Punkt ist, wie und ob das Verzeichnis bearbeitet werden kann, z.b. wenn es schon redundante Daten geben sollte, ob diese dann zu entfernen möglich sind oder ob Fehler bei der Beschriftung wie Rechtschreibung oder Grammatik behoben werden können. Auch wird darauf geachtet, wie die neue Version dargestellt wird und ob sich die Datei öffnen lässt und gegebenenfalls auch ältere Versionen aufrufbar sind.

5 Punkte: Wenn es ein Verzeichnis zur Verwaltung der Dokumentenbibliothek gibt und diese dort verwaltet werden können, sowie eine Versionsverwaltung.

0 Punkte: Wenn es kein Verzeichnis gibt, wodurch alle Daten wild gesammelt werden und auch keine Unterscheidung bei gleichnamigen Dateien oder verschiedenen Versionen gemacht wird, was zu Redundanz und Unübersichtlichkeit führt.

Feedback Funktionen: Gibt es die Möglichkeit bei einem Prozess ein Feedback oder weitere Anregungen zu geben? Wenn ja, wie wird die Feedbackfunktion bereitgestellt?

Da es mehrere Möglichkeiten gibt, eine Feedbackfunktion bereit zu stellen, wird geprüft, wie umfangreich diese Funktion ist. Die einfachste Variante wäre ein Button, der dem Benutzer eine E-Mail an den Support oder an den Prozessersteller schicken lässt. Dabei kann jedoch schnell die Übersicht verloren gehen. Ein weiteres Problem ist, dass auch nur die betroffenen Personen sich austauschen können und so könnte es passieren, dass dieselbe Frage oder dasselbe Feedback öfter gestellt würden und somit doppelt beantwortet werden muss. Daher ist es sinnvoll, wenn direkt vor Ort ein Feedback hinterlassen werden kann. Um dann noch unnötigen Spam zu vermeiden, wäre eine zusätzliche Option zum Feedback, wie eine Punktevergabe oder ein Like-Button, um zu symbolisieren, wie gut das Feedback, die Antwort oder sogar der Prozess selbst ist. Eine in sich stimmige Feedbackfunktion wäre, dass es möglich ist, direkt beim Prozess einen Kommentar abzugeben und auch dass auf den Kommentar geantwortet werden kann.

5 Punkte: Wenn es möglich ist, ein Feedback direkt vor Ort, ein Feedback auf ein Feedback, eine Bewertung des Feedbacks zu geben, sowie eine Benachrichtigung, dass ein Feedback oder Kommentar abgegeben wurde.

4 Punkte: Wenn es möglich ist, ein Feedback direkt vor Ort und eine Bewertung des Feedbacks abzugeben, sowie eine Benachrichtigung über ein abgegebenes Feedback oder einen Kommentar.

3 Punkte: Wenn das Feedback nur über ein Forum, mit einer Bewertung des Feedbacks und ein Feedback auf ein Feedback abgegeben werden kann, sowie eine Benachrichtigung über ein abgegebenes Feedback oder einen Kommentar.

2 Punkte: Wenn das Feedback nur in einem Forum abgegeben werden kann und eine Benachrichtigung über abgegebene Feedbacks oder Kommentare erhält.

1 Punkt: Wenn das Feedback nur als E-Mail über einen Link an den Ersteller oder den Support gesendet werden kann.

0 Punkte: Wenn es keine Möglichkeit für die Abgabe eines Feedbacks gibt.

Export Funktionen: Exportschnittstellen werden benötigt, um Mitarbeitern eines Unternehmens, die nicht über das Modellierungswerkzeug verfügen, einen Lesezugriff auf die Modelle und Inhalte zu ermöglichen. In diesem Bereich spielt der HTML-Export (bzw. ein anderweitig realisierter Zugriff über einen Browser), wie die Extensible Markup Language (XML), XML Process Definition Language (XPDL), Business Process Execution Language (BPEL) eine wichtige Rolle. Weitere wichtige Exportformate wären die Dateiformate von MS Office sowie das PDF-Format. Zum öffnen von angehängte Dokumente oder um Systemreports zu exportieren. Die Druckausgabe darf dabei auch nicht vergessen werden.

Die volle Punktzahl kann hier erreicht werden, wenn es erstens eine Funktion für den Export gibt und zweitens das zu exportierende Format auch für den dafür vorgesehenen Zweck verwendet werden kann.

5 Punkte: Wenn Daten exportiert werden können, um sie z.B. in eine andere Datenbank zu importieren oder über MS Office in Word bzw. Excel oder über Adobe in PDF zu öffnen und ein Dokument oder Modell über die Druckfunktion zu drucken.

4 Punkte: Wenn sich die vorhandenen Dokumente öffnen und ausdrucken lassen aber keiner XML basierten Daten exportieren lassen.

3 Punkte: Wenn es nur möglich ist PDF-Dokumente zu öffnen und auszudrucken.

2 Punkte: Wenn es nur die Möglichkeit gibt für eine Druckausgabe.

1 Punkt: Wenn nur eigene, von dem Produkt vorgegebene Formate verwendet werden können.

0 Punkte: Wenn es keine Möglichkeit für einen Export gibt.

Updates/ Aktualisierung: Wenn im Portal eine Update von einem Prozess oder eine Aktualisierung stattgefunden hat, möchte ein Benutzer, der sich für diesen Prozess interessiert oder für diejenigen, die mit dem Prozess zu tun haben darüber informiert werden. Dasselbe gilt auch für neue Versionen der Dokumente, wenn sich z.B. in den Richtlinien etwas verändert hat und das Dokument deswegen aktualisiert werden musste. Es wird überprüft, ob das System bei neuen Versionen eine Nachricht zukommen lässt oder im Portal darauf hingewiesen wird, dass es eine neue Version gibt. Weiterhin wird überprüft, ob es möglich ist diese Funktion ein- oder abzustellen.

Für eine gute Bepunktung sollte die Nachricht über eine Aktualisierung sehr genau sein (z.B. Herr Maier hat eine neue Version des Modells XY hochgeladen. Die Rollen haben sich geändert da eine Abteilung wegfällt.), um eine unnötige Suche nach der neuen Version bzw. nach Veränderungen zu verhindern. Ein weiterer wichtiger Punkt ist, dass die Information über eine neue Version nur von Prozessen erhalten wird, die für die Rollen berechtigt sind. Sollte eine Updatefunktion nicht vorhanden sein, gibt es auch keine Punkte.

5 Punkte: Für eine hilfreiche Information über die Aktualisierung, sowie die Option ob eine Nachricht darüber verschickt wird und wenn nur Informationen für die Rollen zutreffenden oder gewünschten Modelle ausgegeben werden.

3 Punkte: Für die Information jeder Aktualisierung, es gibt jedoch die Möglichkeit diese Benachrichtigung auszuschalten.

2 Punkte: Für die Information jeder Aktualisierungen, aber dem Fehlen von Favoriteneinstellung bzw. der Funktion das Update auszuschalten.

0 Punkte: Wenn es diese Funktion nicht gibt.

Technische Kriterien:

Betriebssystem: Welches Betriebssystem wird für die volle uneingeschränkte Nutzung des Portals vorausgesetzt oder gibt es gar keine Einschränkung? Dabei wird Bezug auf die weltweit führenden Betriebssysteme[6] (Windows 7, Windows XP, Windows Vista und Mac OSX) genommen.

Die Punktevergabe soll keine Bewertung der einzelnen Betriebssysteme darstellen, sondern bezieht sich auf eine Statistik der Statista.com mit den weltweit führenden Betriebssystemen.

5 Punkte: Für die volle Unterstützung durch die oben aufgeführten Betriebssysteme

4 Punkte: Für die volle Unterstützung durch die beiden verbreitetsten Versionen von Windows (Windows XP , Windows 7)

---

[6] vgl. Statistik der Statista: Marktanteile der führenden Betriebssysteme weltweit von Jan. 2009 bis Mai 2012, online im Internet: http://de.statista.com/statistik/daten/studie/157902/umfrage/marktanteil-der-genutzten-betriebssysteme-weltweit-seit-2009/ [STAT]

3 Punkte: Wenn es nur unter Windows 7 voll unterstützungsfähig ist.
2 Punkte: Wenn es nur unter Mac OSX voll unterstützungsfähig ist.
0 Punkte: Wenn es auf keinem der aufgeführten Betriebssysteme läuft.

Cloudbasierte Lösung: Cloud Computing ist die Bereitstellung von Daten, Programmen und Rechnerleistungen aus dem Netz und spielt in Unternehmen eine immer wichtiger werdende Rolle.[7] Dabei wird überprüft, ob es möglich ist eine cloudbasierte Lösung wahrzunehmen.

5 Punkte: Es ist möglich eine cloudbasierte Lösung zu nutzen.
0 Punkte: Es ist nicht möglich, eine cloudbasierte Lösung zu nutzen.

Browserwahl: Gibt es eine Voraussetzung für einen Browser und dessen Version oder kann das Portal browserunabhängig aufgerufen werden. Das Portal sollte zumindest auf den beiden am meisten benutzten Browsern (IE und Firefox)[8] funktionieren.

Die Punktevergabe soll keine Bewertung der einzelnen Browser darstellen, sondern bezieht sich auf der Statistik von Experton, welche die meist verbreitetesten Browser in Unternehmen aufführen.

5 Punkte: Wenn das Portal auf den oben erwähnten Browser aufrufbar ist, im Idealfall auch auf älteren Versionen wie dem IE6, da dieser auch noch häufig von Unternehmen eingesetzt wird.
4 Punkte: Wenn das Portal nur auf einem der beiden meistbenutzten Browser funktioniert.
3 Punkte: Wenn das Portal nur auf einen weniger verbreiteten Browser, wie Opera oder Safari funktioniert.
0 Punkte: Wenn das Portal nur über einen kaum verbreiteten Browser, wie Amaya oder Lynx funktioniert.

Soft- und Hardware Voraussetzungen: Was wird noch zusätzlich, neben einen Webbrowser an Software benötigt, um mit dem Portal arbeiten zu können? Kann das Portal direkt über den Webbrowser gestartet werden, ist dafür ein Client notwendig oder müssen vielleicht sogar vorher Konfigurationen am Netzwerk vorgenommen werden?

Hier gibt es fünf Punkte, wenn sich das Portal und alle Funktionen benutzen lassen ohne zusätzliche Software installieren oder Einstellungen vornehmen und Lizenzen kaufen zu müssen.

5 Punkte: Wenn keine zusätzliche Software benötigt wird, um mit dem Portal zu interagieren und es sich direkt über den Browser öffnen lässt.
3 Punkte: Wenn zusätzlich noch Open-Source Programme oder Software benötigt wird oder eine zusätzliche Konfiguration des Netzwerkes vorgenommen werden muss.
0 Punkte: Wenn zusätzlich lizenzierte Programme oder Software oder sogar noch Hardware benötigt wird.

Verfügbarkeit Ist das Portal zu jedem beliebigen Zeitpunkt funktionsfähig, ohne das es bei dessen Benutzung zu Ausfällen kommt? Was verspricht der Anbieter für einen Wert?

Es wird innerhalb eines spezifischen Zeitintervalls getestet ob die eingehenden Systemaufrufe korrekt ausgeführt werden. In einem Testszenario wird die Testzeit für das System an mehreren Tagen, einmal zwischen 10 - 12 Uhr, einmal zwischen 14 - 16 Uhr und einmal zwischen 19 -21 Uhr sein.

---

[7] vgl. Artikel: CeBIT 2012, Cloud Computing wird wichtigster IT Trend; auf Fokus online (05.03.2012) im Internet: http://www.focus.de/digital/computer/cebit-2012/weltgroesste-computermesse-die-trends-der-cebit-2012_aid_720693.html [CBIT]
[8] vgl. Kolja Kröger, Artikel: Experton: Firefox hat die meisten Lücken (20.07.2011), online im Internet: http://www.cio.de/knowledgecenter/security/2281782/ [KRÖG]

5 Punkte: Wenn innerhalb des Zeitintervalls keine Unterbrechungen auftreten.
3 Punkte: Wenn es zu einer der getesteten Zeiten zu einer Unterbrechung kommt.
0 Punkte: Wenn es zu jeder getesteten Zeit zu Unterbrechungen kommt.

Performance: Wie lange dauern die Antwortzeiten des Portals nach einer Aktion eines Benutzers? Ein Grund für einen Performanceengpass könnte z.B. ein schlechter Ansatz bei der Implementierung sein. Dabei muss immer berücksichtigt werden, ob die Daten direkt vom Server kommen oder über eine Cloud abgerufen werden und welche Leitung zur Verfügung steht.

Um die Akzeptanz in einem Portal zu wahren, ist die Performance eines der maßgeblichen Kriterien. Während früher noch die Acht-Sekunden-Regel galt, sind die Erwartungen durch schnellere Internetanbindungen heute höher. Ein paar grundlegende Regeln wurden durch die Norman Nielsen Group[9] erfasst. Es wird getestet, wie lange ein Prozess von der Suche bis zum Erscheinen der graphischen Darstellung benötigt. Dabei wird darauf geachtet, dass die Prozesse entweder dieselben sind oder ungefähr dieselbe Größe besitzen (ca. die gleiche Anzahl an Aktivitäten, Shapes).

5 Punkte: Wenn eine Seite in weniger als einer zehntel Sekunde erscheint, da dann der Anwender das Gefühl hat, dass die Seite direkt dargestellt wird.
4 Punkte: Wenn die Antwortzeiten im Zeitraum bis zu einer Sekunde sind, hier entsteht ein leichtes Gefühl des Wartens, welches jedoch nicht als negativ empfunden wird.
3 Punkte: Im Bereich von einer bis zehn Sekunden, da hier die Aufmerksamkeit mit jeder weiteren Sekunde nachlässt.
0 Punkte: Wenn die Antwortzeit länger als zehn Sekunden benötigt, hier entsteht dann ein Gefühl eines technischen Problems.

Zugriff auf Endgeräte: Welche Möglichkeiten gibt es, außer über den Computer noch auf das Portal zuzugreifen? Durch die weite Verbreitung von Smartphone und Tablett-PCs stellt sich die Frage, ob das Portal über diese Endgeräte auch aufrufbar ist.

5 Punkte: Für die Möglichkeit über weitere Endgeräte mit dem Portal zu kommunizieren.
0 Punkte: Wenn es keine weitere Möglichkeit für die Nutzung auf mehreren Endgeräten gibt.

Usability

Bei der Usability stehen nicht die Eigenschaften eines Portals im Vordergrund, sondern die Ergonomie, also die Frage nach Bedienbarkeit, Übersicht und das Verständnis des Portals. Da der Geschmack bei jedem verschieden ist, wird die Gewichtung hier nicht ganz so hoch angesetzt. Trotzdem sollten die Kriterien nicht vernachlässigt und zumindest als Angebot mit bereitgestellt werden. Dabei kommt es darauf an, ob eine Änderung nur allgemein für alle Benutzer gleichermaßen vorgenommen werden kann, jeder Benutzer für sich selbst und somit eine personalisierte Seite erstellen kann oder ob es gar keine Möglichkeit der Änderung gibt.

Farbauswahl: Die Farbe ist ein sehr schwieriges Gestaltungsmittel und erfordert einen hohen Grad an Ästhetik. Es sollten ein paar grundlegende Bedingungen beachtet werden, um bei der Portalgestaltung etwaige Beeinträchtigungen des Benutzers zu vermeiden. Dafür gibt es ein paar einfache Gestaltungsregeln, die es gestatten, in Verbindung mit einer defensiven Farbgestaltung entsprechende Probleme zu vermeiden. Mischfarben (z.B. Rot oder Grün) sollten vermieden werden. Auch sollte es vermieden werden, helle Schrift auf hellen Hintergrund, sowie dunkle Schrift auf dunklen Hintergrund zu benutzen. Da die Farbauswahl von den jeweiligen Unternehmen abhängt und nicht vom Portal selbst, sollte wenigstens die Möglichkeit

---

[9] vgl. Artikel: High Performance Portale mit SAP NetWeaver, online im Internet:
http://www.btexx.de/consulting/trendthemen/portal-performance [BTEX]

gegeben werden, einen Farbschemawechsel vorzunehmen und so zu einem gängigen monochronen Farbverlauf zu wechseln.

Um die volle Punktzahl zu erreichen, muss lediglich die Möglichkeit bestehen, das Farbschema wechseln zu können.

5 Punkte: Kann das Farbschema individuell anpassen und z.b. zu schwarzer Schrift auf weißen Hintergrund ändern oder es lässt sich einfach zwischen einem vordefinierten und einem benutzerfreundlichen Farbschema wechseln?

4 Punkte: Kann das Portal auf das vom Betrieb bevorzugte Farbschema angepasst werden?

0 Punkte: Das Farbschema kann nicht geändert werden.

Schriftauswahl: Entscheidend für die Effizienz des Lesens ist eine gute lokale Erkennung (Größe) der Schrift. Dazu kommt es auf eine gleichmäßige Gestaltung (Schwärzung, Kontraste) an, d.h. die Schrift in einem gleich-bleibenden Farbton zu lassen. Auch sollten die Zeichen eindeutig und unterscheidbar sein. Das Layout sollte ebenfalls angemessen sein (Satzspiegel und Struktur). Eine Möglichkeit wäre die Seite in verschiedenen Schriftgrößen zu Verfügung zu stellen. Eine andere Möglichkeit, die Schriftgröße durch zoomen zu verändern, dabei sollte jedoch die Schrift nicht über den Rand einer Tabelle oder einer Markierung hinaus ragen.

Um hier die fünf Punkten zu bekommen, muss die Schrift klar und leserlich sein, sowie einen gleichbleibenden Farbton besitzen. Die Zeichen sollten eindeutig zu erkennen und von anderen zu unterscheiden sein. Zudem sollte die Schrift skalierbar sein. Außerdem darf die Schrift beim Vergrößern nicht über das Bild oder den Rahmen ragen. Abwertung gibt es, für zu kleine Schrift, wenn Zeichen nicht eindeutig zu unterscheiden sind oder erkannt werden sowie das Übertreten der Schrift von Tabellen oder Grafiken.

5 Punkte: Bei guter lokaler Erkennung (Größe), gleichmäßiger Gestaltung (Schwärzung, Kontrast, Schriftarten), Unterscheidbarkeit und Eindeutigkeit der Zeichen. Außerdem, wenn es eine Möglichkeit gibt, die Schrift zu vergrößern oder zu verkleinern. Die Schrift darf nicht beim Vergrößern über Rahmen oder Bilder hinausgehen.

4 Punkte: Bei guter lokaler Erkennung (Größe), bei leichter Abweichung der Gestaltung (Schwärzung, Kontrast, Schriftarten), Unterscheidbarkeit und Eindeutigkeit der Zeichen. Die Schrift darf nicht beim Vergrößern über Rahmen oder Bilder hinausgehen.

3 Punkte: Bei geringen Änderung der Größe und leichter Abweichung der Gestaltung (Schwärzung, Kontrast, Schriftart) und wenn die Zeichen nicht mehr eindeutig voneinander unterscheidbar sind. Die Schrift darf nicht beim Vergrößern über Rahmen oder Bilder hinausgehen.

2 Punkte: Bei geringen Änderung der Größe und leichter Abweichung der Gestaltung (Schwärzung, Kontrast, Schriftart) und wenn die Zeichen nicht mehr eindeutig voneinander unterscheidbar sind. Die Schrift darf beim Vergrößern nicht über Rahmen oder Bilder hinausgehen.

1 Punkt: Bei großer Abweichung der lokalen Erkennung, sowie der Gestaltung, die Zeichen sind kaum noch zu unterscheiden und die Schrift geht beim Vergrößern über Rahmen oder Bilder hinaus.

0 Punkte: Wenn sich die Schrift ständig in der Größe, Schriftart und Farbe ändert, sich die Zeichen nicht voneinander unterscheiden lassen, die Schrift beim Vergrößern entweder von der Tabelle oder einem Bild verschluckt wird oder über die Tabelle oder einem Bild hinaus geht.

Benutzeroberfläche: Jeder Mensch hat einen anderen Geschmack. Daher ist es sicher von Vorteil, die Benutzeroberfläche individuell anpassbar zu konzipieren, so dass jeder selbst bestimmen kann, wie er damit am besten arbeiten kann. Es gibt jedoch auch weniger kreativen Personen, daher ist es vorteilhaft, wenn es eine zusätzliche Möglichkeit gibt, zwischen mehreren vordefinierten Oberflächen zu wählen zu können.

Da dieser Punkt eher ein *Kann* als ein *Muss* ist, gibt es hier keine so starken Auswertungspunkte. Sollte es keine Möglichkeit geben die Benutzeroberfläche zu bearbeiten, gibt es hier höchstens drei Punkte aber nicht weniger. Wenn die Möglichkeit jedoch gegeben ist, wird darauf geachtet, wie einfach es ist, die Benutzeroberfläche anzupassen und ob es vordefinierte Oberflächen gibt. Für die einfache, unkomplizierte Anpassung gibt es vier Punkte und für zusätzlich vordefinierte Oberflächen zur Auswahl gibt es dann fünf Punkte.

5 Punkte: Wenn es die Möglichkeit gibt, die Benutzeroberfläche individuell anzu-passen um damit effektiver arbeiten zu können. Außerdem bei zusätzlich vordefinierten Oberflächen zur Auswahl.

4 Punkte: Wenn es die Möglichkeit gibt, die Benutzeroberfläche individuell anzu-passen, um damit effektiver arbeiten zu können.

3 Punkte: Wenn es keine Möglichkeit zur Anpassung der Benutzeroberfläche gibt oder vordefinierte Auswahlmöglichkeiten hat.

Mehrsprachigkeit: Ein Produkt international anzubieten stellt in der heutigen Zeit einen Standard dar. Daher ist die Option, das Portal auch in fremden Sprachen anzubieten ein wichtiges Kriterium. Neben der Landessprache sollte wenigstens die Option für Englisch gegeben sein, da sich das Englische als Geschäfts- und Wissenschafts-sprache im Internet und darüber hinaus durchgesetzt hat. Dazu kommt, dass große Unternehmen oft internationale Angestellte beschäftigt und es Arbeitsabläufe wesentlich erleichtert, wenn der Mitarbeiter in der Lage ist, das Portal an seine Muttersprache anzupassen.

Für ein mehrsprachiges Produkt sollten wenigstens zwei Sprachen zur Auswahl stehen, die Landessprache und Englisch als Geschäftssprache und wenn die volle Punktzahl erreicht werden soll, noch eine Möglichkeit zur Erweiterung der Sprachauswahl.

5 Punkte: Bei mehreren Sprachoptionen und eine Möglichkeit zur Erweiterung der Sprachen vorhanden ist.

3 Punkte: Wenn es nur feste Sprachen zur Auswahl gibt und auch nicht die Möglichkeit gegeben, ist weitere hinzuzufügen.

0 Punkte: Wenn es nur eine einzige Sprache gibt und keine weitere zur Auswahl angeboten wird.

Lokalität: Unter Lokalität wird verstanden, Informationen möglichst am Ort des Geschehens anzubieten und nicht in anderen Bildschirmbereichen oder gar auf neuen Seiten versteckt sind (Kopplung von Handlungs- und Wahrnehmungs-raum). Generische Schalter wie z.B. OK sind zu vermeiden, da sie nur Antworten auf einer zuvor gestellten Frage darstellen und nicht den Handlungsabschluss verdeutlichen.

Die Punktzahl verringert sich je nach Häufigkeit des Informationsmangels. Ebenfalls einen Punkteabzug gibt es, wenn häufig generische Schalter, wie „OK" verwendet werden. Ansonsten wird die volle Punktzahl vergeben.

5 Punkte: Wenn die Meldungen, Kommentare und Beschreibungen nah am Ort der Handlung erfolgen. Es werden keine generischen Schalter wie „OK" verwendet.

4 Punkte: Wenn Meldungen, Kommentare und Beschreibungen möglichst nah am Ort der Handlung erfolgen, aber oft generische Schalter verwendet werden.

3 Punkte: Wenn es vorkommt, dass Meldungen, Kommentare und Beschreibungen nicht immer nah am Ort der Handlung erfolgen und häufig generische Schalter verwendet werden.

2 Punkte: Wenn es oft vorkommt, dass Meldungen, Kommentare und Beschreibungen nicht immer nah am Ort der Handlung erfolgen und häufig generische Schalter verwendet werden.

1 Punkt: Wenn es häufig vorkommt, dass Meldungen, Kommentare und Beschreibungen nicht immer nah am Ort der Handlung erfolgen und häufig generische Schalter verwendet werden.

0 Punkte: Wenn Meldungen, Kommentare und Beschreibungen grundsätzlich woanders erfolgen als nah am Ort der Handlung und nur generische Schalter wie „OK" verwendet werden.

Identitätsmanagement

Rollenkonzept: Das Portal soll zwar eine gewisse Transparenz aufweisen, jedoch müssen und dürfen (oft aus rechtlichen Gründen) nicht immer alle Personen auch alles sehen oder bedienen. Dafür gibt es die Rollenzuweisung. Sie regelt, welche Personen für welche Aufgabe berechtigt sind. Oft gibt es im Unternehmen schon ein ausgearbeitetes Rollenkonzept und deren Rechteverwaltung, deswegen ist es von Vorteil, wenn dieses in das Portal integriert werden kann, um so auch bei Veränderung z.B. bei Namen oder Adresse flexibel bleiben zu können.

Für die volle Punktzahl wird geprüft ob es eine Rollenzuweisung gibt und ob die Rechte richtig angelegt sind (d.h. kann die Rolle nur das, was sie soll oder kann sie mehr bzw. weniger). Zusätzlich wird geprüft, ob das Portal mit einer schon vorhandenen Rechteverwaltung kompatibel ist.

5 Punkte: Für ein vorhandenes Rollenkonzept, sowie die Korrektheit der einzelnen Rechte und für eine Integration in eine vorhandene Rechteverwaltung.
4 Punkte: Wenn es ein Rollenkonzept gibt, die Rechte der jeweiligen Rolle eingehalten werden und für eine Integration einer vorhandenen Rechteverwaltung. Jedoch lässt sich nur durch Ausprobieren erkennen, welcher Benutzer welche Rechte hat.
3 Punkte: Wenn es ein Rollenkonzept gibt und die Rechte funktionieren. Es fehlt jedoch die Integration einer vorhandenen Rechteverwaltung, so dass es neu aufgesetzt werden muss und dadurch zusätzliche Arbeit entsteht.
2 Punkte: Wenn es ein Rollenkonzept gibt, allerdings die Rollen teilweise weniger können als festgelegt und es fehlt die Möglichkeit eine vorhandene Rechteverwaltung mit zu integrieren.
1 Punkt: Wenn trotz Rollenzuweisung jede Rolle alle Rechte hat und wenn sich keine vorhandene Rechteverwaltung integrieren lässt.
0 Punkte: Wenn es kein Rollenkonzept gibt und auch nicht die Möglichkeit eines zu erstellen oder vorhandenes zu integrieren.

Benutzerkonto: Ein Benutzerkonto ist eine Zugangsberechtigung zu einem zugangsbeschränkten IT-System. Üblicherweise muss ein Benutzer sich beim Login mit Benutzername und Kennwort authentifizieren. Dadurch wird sichergestellt, dass der richtige Benutzer mit den dazugehörigen Rechten angemeldet ist. Ein Benutzer kann sein gesamtes Profil über dieses Konto pflegen und so für ihn wichtige oder weniger wichtige Einstellungen aktivieren bzw. deaktivieren.

Es wird geprüft, ob es möglich ist, das eigene Benutzerkonto einzusehen, um eventuelle Daten zu ergänzen, das Passwort zu ändern. Die ist von auschlaggebender Wichtigkeit vor allem, wenn das Konto nicht selbst erstellt, sondern einem von außen eingerichtet wurde. Weiterhin wird darauf geachtet, ob das Benutzerkonto leicht zu erreichen ist. Sollten diese Kriterien erfüllt sein gibt, es hier die volle Punktzahl.

5 Punkte: Wenn das Konto leicht zu erkenn und aufrufbar ist, um eventuell fehlende Daten zu ergänzen, Einstellung vorzunehmen oder das Passwort zu ändern.
4 Punkte: Wenn das Konto schwer zu erkennen, jedoch möglich zu öffnen ist, um eventuell fehlende Daten zu ergänzen, Einstellung vorzunehmen oder das Passwort zu ändern.
3 Punkte: Wenn das Konto zwar leicht zu erkennen ist, es aber nicht möglich ist, es zu öffnen, um eventuell fehlende Daten zu ergänzen, Einstellung vorzunehmen oder das Passwort zu ändern.
2 Punkte: Wenn das Konto schon schwer zu erkennen ist und auch nicht zu bearbeiten geht.

1 Punkt: Wenn es kein separates Benutzerkonto gibt und somit jeder Zugriff über denselben Benutzer hat, jedoch mit eingeschränkten Rechten, wie ein Gast-User zum Beispiel.

0 Punkte: Wenn es kein separates Benutzerkonto gibt und somit jeder Zugriff über denselben Benutzer hat und alle verfügbaren Rechte offen sind, was in diesem Fall der Admin wäre.

Anmelden (Kennwortvergabe): Je mehr Passwörter sich gemerkt werden müssen, um so größer ist die Gefahr, dass das Passwort vergessen wird, die Passwörter offen auf dem Tisch liegen oder stets das selbe Passwort für alle Anwendungen benutz wird. Um das zu verhindern, gibt es den Single Sign-on der einen Benutzer nach einer einmaligen Authentifizierung am Arbeitsplatz für alle Dienste, für die er lokal berechtigt ist autorisiert.

Es wird überprüft, ob es möglich ist über ein Single Sign-on sich auch für das Portal freischalten zu lassen, um sich so ein zusätzliches Passwort sparen zu können. Das wäre der ideale Zustand und würde die volle Punktzahl mit sich bringen. Sollte es diese Möglichkeit nicht geben und Anmeldung die Folge wäre, wird überprüft, wie die Passwortverschlüsselung ist und ob eine einmalige Authentifizierung ausreicht, um sämtliche Anwendung im Portal nutzen zu können.

5 Punkte: Bei einem Single Sign-On Verfahren.

4 Punkte: Für das einmalige Anmelden an das Portal, ohne dass es zusätzlich nötig ist, sich für weitere Anwendungen im Portal freischalten lassen zu müssen und das Passwort in Hash gespeichert wird und mindestens acht Zeichen voraussetzt inklusive Sonderzeichen.

3 Punkte: Für das Anmelden an das Portal, aber es ist zusätzlich nötig sich für weitere Anwendungen im Portal freischalten zu lassen, jedoch das Passwort in Hash gespeichert wird und mindestens acht Zeichen voraussetzt inklusive Sonderzeichen.

2 Punkte: Für das Anmelden an das Portal, aber es ist zusätzlich nötig, sich für weitere Anwendungen im Portal freizuschalten, jedoch das Passwort nicht in Hash gespeichert wird, aber mindestens acht Zeichen voraussetzt inklusive Sonderzeichen.

1 Punkt: Für das Anmelden an das Portal, aber es ist zusätzlich nötig sich für weitere Anwendungen im Portal freischalten zu lassen und das Passwort weder in Hash gespeichert wird, weniger als acht Zeichen voraussetzt und auch keine Sonderzeichen zulässt.

0 Punkte: Wenn kein Passwort nötig ist und nur mittels des Usernamen angemeldet wird.

Kosten

Bereitstellung und Einrichtung: Welche Vorrausetzung werden für die Nutzung des Portals benötigt (Soft- und Hardware) und mit welchen Kosten kann dabei gerechnet werden?

5 Punkte: Für das preiswerteste Portal oder wenn beide ungefähr gleichteuer sind.

0 Punkte: Für keine Angaben über Preis oder Leistung, da dann kein Vergleich zustande kommt oder für das teuerste Prozessportal.

Pflege: Es kann vorkommen, dass beim Anlegen oder Bearbeiten Fehler gemacht oder unnötige bzw. doppelte Kommentare abgegeben wurden. Um das Portal sauber zu halten, ist es von Vorteil, wenn es die Möglichkeit der Pflege durch die Fachabteilung gegeben ist. Dazu kommt noch die Pflege und Aktualisierung der Prozesse. Darf und kann die Fachabteilung das Portal selbst pflegen oder wird die IT dafür benötigt? Was kostet die Pflege des Portals wenn es nicht selbst gepflegt werden kann?

5 Punkte: Für eine unkomplizierte und intuitive Bedienung zur Pflege durch die Fachabteilung.

4 Punkte: Für die Pflege der Fachabteilung, aber bestimmte Kenntnisse vorausgesetzt werden.

3 Punkte: Für die Pflege durch die IT.

2 Punkte: Wenn die Pflege durch IT und Fremdleistung bezogen werden muss, jedoch der Preis im Service mit inbegriffen ist.

1 Punkt: Wenn die Pflege durch die IT und Fremdleistung bezogen werden muss und zusätzliche Kosten verursacht.

0 Punkte: Wenn die Pflege nur über Fremdleistung geht aber keine Angaben über Preis oder Leistung gegeben werden.

Wartung: Ein System muss regelmäßig daraufhin überprüft werden, ob alle Funktionen noch ordnungsgemäß ablaufen und Anwendung noch einwandfrei funktionieren. Dabei kann es zu Aktualisierungen oder einer neuen Version kommen. Dann wird das Portal über ein Projekt und Absprache mit dem Unternehmen gewartet. Wie wird bei einem Projekt die zeitlich angesetzte Wartung durchgeführt? Gibt es einen Wartungsplan? Kann das System außerdem angepasst oder geändert werden, ohne dass der Hersteller gefragt werden muss oder ist es untersagt?

5 Punkte: Für einen Wartungsplan bei einem anstehenden Projekt, der so angelegt ist, dass er die betrieblichen Abläufe wenig oder gar nicht beeinflusst.

4 Punkte: Für einen Wartungsplan bei einem anstehenden Projekt, so dass sich ein Unternehmen darauf vorbereiten kann, dass die betrieblichen Abläufe unterbrochen werden.

3 Punkte: Wenn es keinen Wartungsplan gibt, jedoch bei anfallender Wartung die betrieblichen Abläufe wenig oder gar nicht beeinflusst werden.

2 Punkte: Wenn es keinen Wartungsplan gibt und bei anfallender Wartung die betrieblichen Abläufe stark beeinflusst bzw. unterbrochen werden müssen, jedoch eine Absprache mit dem Unternehmen stattgefunden hat, so dass sich das Unternehmen darauf vorbereiten konnte.

1 Punkt: Wenn eine Wartung ohne Absprache mit dem Unternehmen vorgenommen und das System abgeschaltet wird.

0 Punkte: Wenn es keine Wartung gibt und das System sich selbst überlassen wird.

Schulungen: Wie schnell kann sich in der neuen Umgebung zurechtgefunden werden oder ist eine Schulung der Mitarbeiter notwendig, um mit dem Portal umgehen zu können? Wenn ja, was würde die Schulung kosten und wie hoch ist deren Umfang? Werden mehrere Seminare benötigt oder reicht ein Tag dafür aus? Vielleicht reicht es auch, einen Vorarbeiter oder Abteilungsleiter zu schulen, so dass dieser es dann den Mitarbeitern zeigt?

5 Punkte: Für den günstigsten Preis oder wenn beide etwa gleichteuer sind.

0 Punkte: Für keine Angaben über Preis oder Leistung, da dann kein Vergleich zustande kommt und für den höheren Preis.

Die Kosten sind im Kriterienkatalog zwar mit aufgeführt, werden aber bei der Bewertung nicht mit einfließen. Bei den Kosten werden deswegen auch weniger Punkte vergeben. Hier sollen die Fakten für Preise und Dienstleistung dargestellt werden. Dies soll dazu dienen, dass sich ein Bild darüber gemacht und für sich selbst entschieden werden kann, was besser ist. An sich kann jedoch gesagt werden, dass wer die meisten Dienstleistungen und gleichzeitig die geringsten Kosten bietet, den besseren Durchschnitt hat.

4. Analyse

Die nächsten drei Punkte beschäftigen sich mit den in dieser Arbeit zu analysierenden Produkten. Bevor es zum Vergleich kommt, werden kurz die Funktionen und Eigenschaften der Produkte, sowie ein paar Grundinformationen über die beteiligten Firmen erläutert.

Als Grundlage für die Auswertung dienten mir dazu die Browser vom Internet Explorer in der Version 9.0.8, der Mozilla Firefox in der Version 14.0.1 und der von Apple zur Verfügung gestellte Safari in der Version 5.1.7. Das verwendete Betriebssystem war Windows Vista Home Premium, in der 32-Bit-Version und Windows 7 Ultimate in der 64-Bit-Version. Weitere Software waren Microsoft Office 2007 sowie Visio, ebenfalls in der Version 2007 und das Prozess-Management-Tool SemTalk 4.0, das Prozess-Management-Tool ADONIS® CE, um sich vorab mit den Modellen und Eigenschaften vertraut zu machen.

Für die Analyse wurde das ADONIS® Prozessportal (in einer Testversion), von der BOC AG benutzt. Bei der Semtation GmbH wurden die Prozessportale, „Berliner Prozessbibliothek", „HPA Hamburger Port Authority" und „Semtalk Services2" (ebenfalls alle in einer Testversion) herangezogen. Hier wurden mehrere Prozessportale untersucht, weil die Service der Prozessportale unterschiedlich und individuell gestaltet werden können.

4.1. SemTalk[10]

SemTalk ist ein Prozessmodellierungstool welches seit 2001 von dem Potsdamer Unternehmen Semtation GmbH entwickelt und vertrieben wird. Als Microsoft Gold Certified Partner ist das Tool schon über 10 Jahren in Betrieb und wird nicht nur bei vielen großen Unternehmen wie Siemens Mobility Division U.S. sondern auch bei kleineren und mittleren Unternehmen verwendet. SemTalk basiert auf Microsoft Visio und erweitert dieses um eine integrierte XML-Datenbank. Eine Installation von Microsoft Visio (ab der Version 2007) ist zwingend erforderlich, um SemTalk nutzen zu können. Das Tool unterstützt die Prozessmodellierung in BPMN 1.2, BPMN 2.0, EPK (Ereignisgesteuerte Prozesskette) sowie KSA (Kommunikationsstrukturanalyse). Weiterhin bietet SemTalk die Möglichkeit zur Erstellung von Organigrammen [SEMA].

Für eine koordinierte Erstellung und Publikation von Online-Prozessmodellen bietet SemTalk durch Integration mit Visio 2007 und SharePoint 2007 eine Lösung durch Prozessportale. Seit 2010 wird der SharePoint 2010 verwendet. Dabei ist SemTalk selber kein eigenes Prozessportal sondern bietet lediglich Services, in Form von Webparts[11] zur Erstellung an [SEMTc07].

Semtalk Service ist ein Dienst, welcher in einem separaten frame[12] dargestellt wird. Die allgemeinen Funktionen sind frame- und webpartbasiert. Dabei kann ein Dienst einen neuen Dienst, der sich in einem anderen frame befindet, aufrufen. Ein Beispiel wäre, wenn ein Objekt im Navigationsbaum ausgewählt oder ein Objekt mit Hilfe der Suche gefunden wird, besteht die Möglichkeit, die Details des ausgewählten Objektes in dem frame der Eigenschaften anzeigen zu lassen. Die SemTalk Services dienen dabei als Speicher für die Schnittstelle zu SharePoint. In einem framebasierten Szenario können alle Dienste und der SemTalk Server, über URLS und Parameter vollständig angepasst werden. Für die Endbenutzer ist das freie Anpassen in der Regel nicht möglich. Jeder dieser Services kann dabei nur in einem beliebigen frame benutz werden, jedoch kann der gleiche Service in mehreren frames vorkommen. Die nachfolgende Abbildung zeigt

---

[10] Quelle zu Semtalk ist die Webseite http://semtalk.de

[11] Ein Webpart ist in SharePoint ein Oberflächenelement. Damit lassen sich auf einer Webseite beliebig viele dieser Webparts legen, welche dann die unterschiedlichsten Funktionen bereitstellen. [SPCF10]

[12] Mit einem Frame (dt. Rahmen) wird ein Teilbereich oder Segment einer HTML-Seite bezeichnet, welche eine andere HTML-Seite darstellen kann. Alle Frames einer Seite gelten als Freamset.

die jeweiligen Service und deren mögliche Anordnung (Abb.3: SemTalk Services). SemTalk Services kann auf die gleichen Weise auch ohne frameset in einem „Iframe" verwendet werden, um sie so in einer HTML-Seite einzubetten. [vgl. FILL11 S.19-24] Es ist ebenso möglich, die Visio Services anstelle der serverseitigen HTML, mit einem kundenspezifischen und dynamischen JavaScript zu verwenden. Das hat den Vorteil, dass keine HTML Erzeugung mehr notwendig ist, aber setzt eine Installation der Webparts, auf dem SharePoint Server voraus und es ist noch nicht so flexibel wie HTML. [vgl. FILL11 S.28]

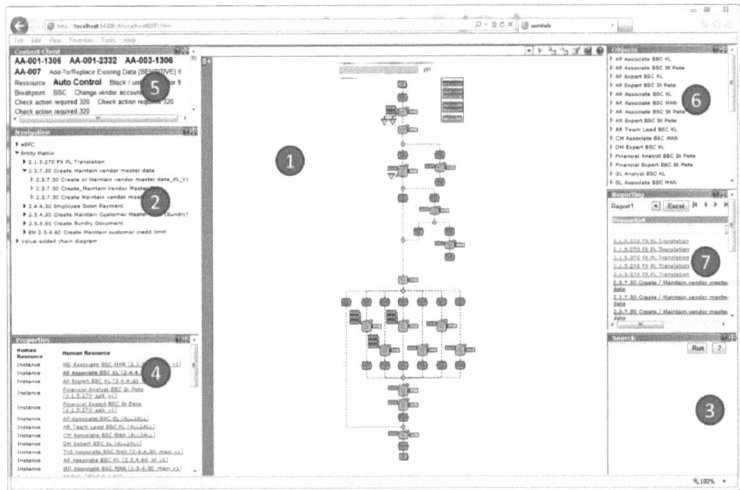

Abbildung 3: Semtalk Services [SEMTe11]

Zu eins, **Semtalk HTML**: Dokumente, Seiten, Formen und SemTalk Objekte können über Parameter in der URL adressiert werden. Eine Auswahl kann dabei andere Dienste anstoßen, vor allem den Service der Eigenschaften. Eine Hyperlinknavigation zwischen den (Visio) Dokumenten ist möglich und angehängte Dokumente können geöffnet werden. [vgl. FILL11 S.6]

Zu zwei, **Navigationsbaum**: Jeder Verzeichnisbaum repräsentiert ein Diagramm. Wenn auf ein Diagramm geklickt wird, erscheint es im Hauptfenster. Optional kann der Verzeichnisbaum auf: bestimmten Diagrammtypen begrenzt werden, zeigen welche Elemente in Diagrammen/Seiten enthalten sind oder mehrere Navigationsbäume in mehreren frames sein. [vgl. FILL11 S.10]

Zu drei, **Suche**: Die Suchfunktion ist ein Webinterface. Es wird beim auswählen eines Ergebnisses zu diesem Ergebnis navigiert. Die Optionen sind die gleichen wie in SemTalk. [vgl. FILL11 S.13]

Zu vier, **Eigenschaften**: Besitzt im Grunde dieselben Funktion wie SemTalk HTML. Die Hyperlinks innerhalb des Rahmens fokussieren sich auf verwandte Objekte im selben Fenster. Der Top-Hyperlink kann dabei z.B. auf eine andere Seite navigieren. Das Diagramm zeigt alle Objekte des Diagramms z.B. Kommentare, Anlagen, ein Link zu weiteren Diagrammen, in denen das Objekt grafisch angezeigt wird sowie Attribute, Werte und verwandte Objekte. [vgl. FILL11 S.14]

Zu fünf, **Context**: Nutzt einen Tag-Cloud-UI-Stil, um zu den SemTalkobjekten zu navigieren. Das Hauptwort besitzt dabei die größte Schrift. Die mittlere Schrift hat die direkt verknüpften Objekte und deren verknüpften Objekte haben die kleinste Schrift. Bei Auswahl eines Objektes in der Cloud, konzentriert sich der Kontext auf das neue Objekt. [vgl. FILL11 S.15]

Zu sechs, **Objekte**: Basieren auf einer Vererbungshierarchie und sind Teil des SemTalkexplorers. Dabei kann die Stammklasse des Baumes manuell oder von anderen Diensten angegeben werden. Es können entweder nur die Klassen bzw. nur die Instanzen oder beides zusammen angezeigt werden. Die Objekte können z.B. zum Filtern von anderen Diensten oder Webparts verwendet werden. [vgl. FILL11 S.16]

Zu sieben, **Reports**: Die Reports für die Ausführung vordefinierter SemTalkberichte genutzt. Dabei können die Bibliotheken der SemTalkbereichsdefinitionen angegeben werden. Es können Berichte von einzelnen Objekten oder anderen Diensten gefiltert werden. Berichtsergebnisse können, durch einzelne oder mehrere Spaltenwerte gefiltert werden. Auch ist es möglich, die Berichtsergebnisse nach Excel zu exportieren. [vgl. FILL11 S.17]

Wer das Modellierungswerkzeug von SemTalk testen möchte, kann sich eine 30-Tage Testversion mit vollem Funktionsumfang herunterladen. Für die weitere Nutzung ist der Kauf von Arbeitsplatzlizenzen erforderlich. Die Preise staffeln sich je nach Anzahl der Lizenzen von einer bis zehn Lizenzen, zwischen (950€) und (7.499€). Es können auch auf Anfrage noch mehr Lizenzen erworben werden. Die SemTalk-Services, welche für die Erstellung des Prozessportals benötigt werden, kosten (5.000€). Dabei ist anzumerken, dass die erworbenen Lizenzen kein Microsoft Visio oder SharePoint Server 2010 enthalten. Die Lizenzen von Microsoft Visio und SharePoint werden zusätzlich benötigt. Die Semtation GmbH bietet außerdem noch zahlreiche Schulungen und Workshops an und organisiert regelmäßig User-Meetings.[13]

Der SharePoint 2010 ist eine Businessplattform für die Zusammenarbeit mit Unternehmen und Web. Die Funktionen können vor Ort bereitgestellt werden oder als gehosteter Dienst von Microsoft. So lässt sich das Intranet, Extranet und Internet über eine Plattform darstellen. Neben der Anpassung der Plattform nach den eigenen Bedürfnissen, ist es möglich, im Rahmen vorgegebener Leitlinien eigene Lösungen ohne zusätzliche Programmierung zu erstellen. Zusätzlich lassen sich Geschäfts-bereichsdaten beispielsweise aus Enterprice Resource Planning (ERP) oder Customer Relationship Management (CRM) Systemen integrieren. SharePoint hat ebenfalls Eigenschaften eines Dokumentenmanagementsystems (DMS) und benutzt die typische Oberfläche von Office. Bei Bedarf kann durch Investition die Plattform erweitert werden [SHPO].

4.1.1. Funktionelle Kriterien

Suche: Bei der Suche gibt es keine Vervollständigungshilfe oder Vorschau für ein gesuchtes Wort. Allerdings reicht schon ein Buchstabe, um eine Suchanfrage zu starten. Je mehr Buchstaben hinzugefügt werden, umso genauer wird die Suche. Das Berliner Prozessportal gab als einziger eine Information darüber, dass die Suche keinen Treffer erlangte. Es war auch das einzige, wo es ausreichte nach der Eingabe eines Wortes, dieses mit Enter zu bestätigen. Bei den anderen beiden muss zusätzlich auf das Lupensymbol bzw. auf den „Go" Butten gedrückt werden, um die Suche zu starten. Das Ergebnis wird innerhalb von wenigen Sekunden angezeigt und bleibt damit unter den kritischen fünf Sekunden. Im Ergebnis befinden sich die Buchstaben wieder, die in der Suche eingegeben wurden, was hier den Zusammenhang von eingegebenen Suchwort und Ergebnis erkennen lässt. Beim HPA Prozessportal ist die Suche hier etwas versteckt. Erst durch das Setzen eines Häkchens wird die Suche aktiviert. Dann ist sie auch auf der rechten unteren Bildschirmseite (Abb.4: Suche bei Semtalk) aufgebaut. Der Rahmen um die Sucheingabe ist hier ebenfalls etwas schwach wahrzunehmen, so kann es passieren, dass nicht sofort erkennbar ist, ob dort eine Eingabe getätigt werden kann. Auch werden die Ergebnisse direkt darunter angezeigt und die eingegebenen Buchstaben in den Suchergebnissen werden ebenfalls nicht markiert. Dies wurde im Berliner Prozessportal besser gelöst (Abb.5: Suche im Berliner

---

[13] Quelle der Preise ist: http://semtalk.de/preise.html

Prozessportal). Hier werden die Ergebnisse auf einer separaten Seite angezeigt und die Wörter, die im Zusammenhang mit den eingegebenen Buchstaben stehen markiert.

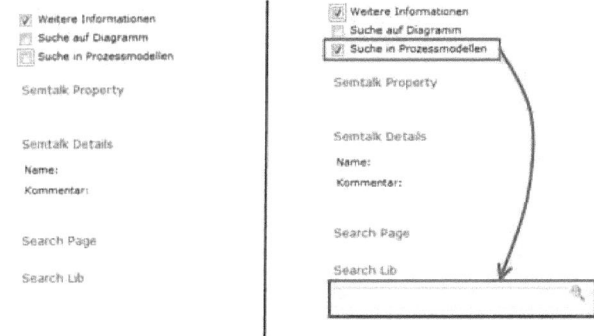

Abbildung 4: Suche bei Semtalk

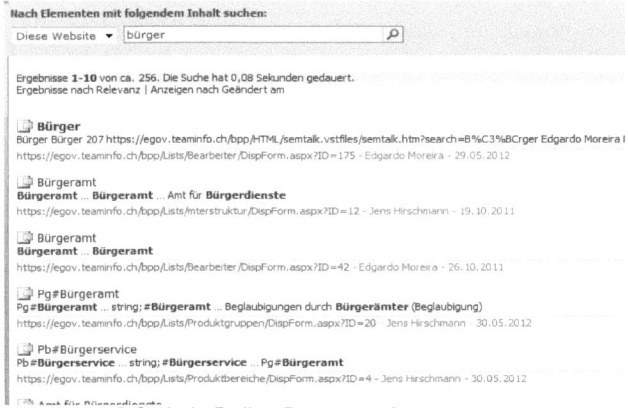

Abbildung 5: Suche im Berliner Prozessportal

Erweiterte Suche: In den drei getesteten Prozessportalen gab es mehrere Möglichkeiten neben der normalen Suche, das gewünschte Ziel zu erreichen wie z.B. die Suche über die Reports (wo ebenfalls noch eine Filterauswahl möglich ist), über eine Modellbaumstruktur, die Suche auf dem Modell, die Suche über die Objekte, die alphabetische Suche oder die Suche über ein Produkt- oder Leistungskatalog. Bei der Suche auf dem Modell gibt es sogar zwei Möglichkeiten, entweder kann bei Search Page ein zu suchendes Wort eingegeben werden oder wählt eine Auswahl an vorkommenden Verfeinerungen des Modells. Diese werden mit der Eingabe eines Begriffs weiter eingeschränkt.

Navigation: Eine Möglichkeit ist hier, wie schon bei der erweiterten Suche, über eine Modellbaumstruktur zu navigieren. Auch ist es Möglich die einzelnen Objekte auf dem Modell selber auszuwählen und über deren Eigenschaften (Property) oder über die Auswahl der Suche auf dem Modell bzw. Search Page. Mit der Auswahl in der Search Page wird hier das gewünschte Objekt auf dem Modell rot markiert (Abb.6: Search Page). Ebenso gibt es eine Möglichkeit über die Seitennavigation zu navigieren. Hier werden die jeweiligen Verfeinerung und der darüber liegende Prozess angezeigt.

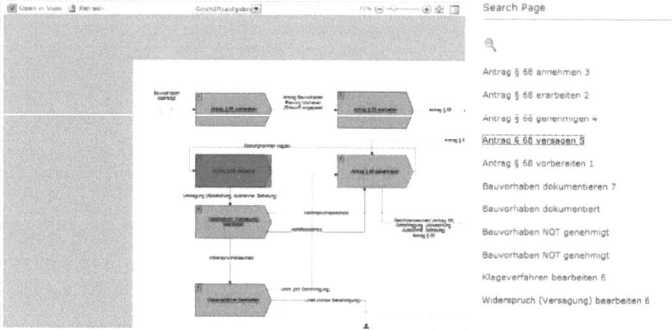

Abbildung 6: Search Page

Mit Hilfe der Auswahlliste direkt über dem Modell wird eine weitere Möglichkeit zum Navigieren gegeben.

Darstellung der Prozesse: Eine extra Ansicht neben der graphischen Darstellung wird hier nicht geboten. Allerdings werden, sobald auf ein Objekt geklickt wird, die Eigenschaften dieses Objektes und weitere Details angezeigt (Abb.7: Semtalk Property). Die Darstellung lässt sich einfach verschieben in dem mit der linken Maustaste auf das Bild geklickt und dann die Maus bewegt wird. Genauso einfach kann das Bild vergrößert oder verkleinert werden: einfach nach Markierung des Bildes das Mausrad hoch oder runter scrollen. Es kann aber auch die Skala zum vergrößern oder verkleinern des Bildes genutzt werden. Für eine schnelle Gesamtansicht, sprich um das gesamte Modell zu sehen, kann der Button (zur Gesamtansicht der Seite zoomen) bzw. im Berliner Prozessportal (Seite auf 100% zoomen) verwendet werden.

Semtalk Property

Transaktionsgeschäftsaufgabe	**Antrag § 68 genehmigen 4**
Diagram	Geschäftsaufgaben Verfahren Baugenehmigung nach § 68
Refinement	Antrag Bauvorhaben genehmigen
Class	Antrag § 68 genehmigen
IKT Class	Transaktionsgeschäftsaufgabe
triggers	ExitPoint.2514
triggeredBy	EntryPoint.3024
triggeredBy	EntryPoint

Semtalk Details

Name:	Antrag § 68 genehmigen 4
Kommentar:	
löst aus	ExitPoint.2514
wird ausgelöst von	EntryPoint.3024
wird ausgelöst von	EntryPoint

Abbildung 7: Semtalk Property

Prozesssteckbriefe: Im HPA und Semtalk Services2 Prozessportal gibt es keine Möglichkeit, einen Prozesssteckbrief zu öffnen bzw. anzeigen zu lassen. Die einzigen Eigenschaften, welche angezeigt werden konnten, waren jene die über die Eigenschaften (Property) angezeigt wurden und über die Details, wie in der Abbildung 7 zu sehen ist. Im Prozessportal der Berliner Prozessbibliothek ist es möglich auf die Prozesssteckbriefe zuzugreifen und je nach Berechtigung auch zu bearbeiten. Zusätzlich ist es möglich sich eine Nachricht zukommen zu lassen, wenn Änderungen vorgenommen wurden.

Repository: Eine Anzeige aller Objekte (sowie Aktivitäten, Eingänge, Ausgänge usw.) wird mir hier nicht gegeben. Dafür können einzelne Prozesselemente über die Eigenschafften angezeigt werden (Abb.8: Objektliste). Da die Anzeige zur Navigation gedacht ist kann sie nicht bearbeitet werden. Sie sortieren oder filtern zu lassen ist jedoch auch nicht möglich.

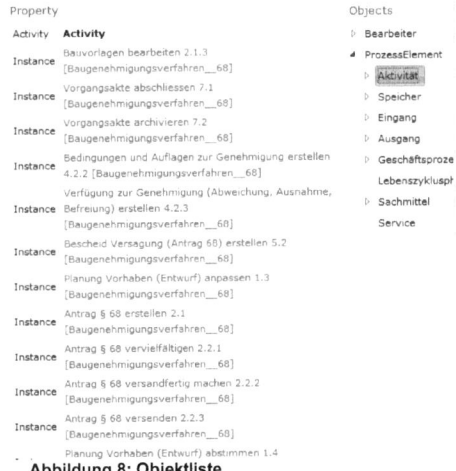

Abbildung 8: Objektliste

Dokumentenbibliothek: Unter Reports lässt sich der Punkt „Prozesse" auswählen und dort wird dann eine Auswahl an Prozessen angezeigt (Abb.9: Prozessliste). Da die Liste jedoch keine echte Dokumentenbibliothek ist - sondern wie in der Abbildung drüber steht der Report - können hier auch keinen Änderungen vorgenommen werden.

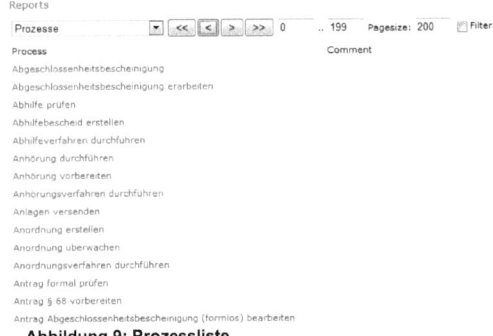

Abbildung 9: Prozessliste

Jedoch gibt es die Möglichkeit, auf den SharePoint Sites, außerhalb des Prozessportals eine Dokumentenbibliothek anzulegen, anzuschauen und natürlich auch zu verwalten. Die Bibliothek ist in verschiedenen Listen aufgeteilt. Neben der Dokumentenbibliothek kann hier eine XML-Bibliothek, HTML-Bibliothek eine für Dokumente (wie Word, PDF) angelegt werden. Es wäre auch möglich für jede Notationsmöglichkeit (wie BPMN, Visio, KSA usw.) eine eigene Bibliothek anzulegen. Dies ergibt natürlich mehr Sinn, wenn es sehr viele Geschäftsprozesse mit unterschiedlichen Notationen gibt. Auf der

Abbildung 10 ist die Liste der Bibliotheken sowie die Liste für die Repositorys zu erkenne. Im Berliner Prozessportal gibt es die Möglichkeit über die Bibliothek der Modelle auf einzelne Bibliotheken zuzugreifen und je nach Berechtigung auch zu bearbeiten.

Document Libraries	Lists
Docs	Activities
HTML	Attribute
PDF	AttributeType
Related Docs	Buffers
ReportDefs	HumanResources
ReportDefsUpdate	Languages
Services2	Method
Support	Models
vdw	Objects
XML	Offtimes
XMLUpdates	PhysResources
	Relation

Abbildung 10: Listen der Bibliotheken und Repository

Feedbackfunktion: Bei den Prozessportalen des HPA und Semtalk Services2 ist es momentan noch nicht möglich, direkt beim Prozess ein Feedback zu hinterlassen. Jedoch gibt es die Möglichkeit, in den Share Point Sites ein Diskussionsforum zu eröffnen. Hier könnte eine Diskussion, entweder für einen speziellen Prozess oder allgemein gestartet werden. Im Berliner Prozessportal gibt es die Möglichkeit, in der Modellansicht, ein Feedback zu senden oder direkt im Diskussionsforum ein Feedback zu hinterlegen.

Export Funktion: Es gibt neben dem Modell die Möglichkeit, es in einem PDF-Format anzuzeigen, um es entweder auszudrucken oder auf dem Rechner zu speichern. Ebenso lassen sich Dokumente mit Word, Excel oder als PDF öffnen und speichern. Das Modell lässt sich auch in Visio öffnen, vorausgesetzt es ist die dafür passende Version installiert und der Web-Browser das Übertragen von Dateien direkt von Visio zum Browser unterstützt. Zusätzlich kann über die SharePoint Bibliotheken auch eine XML-Datei exportiert oder per E-Mail verschickt werden.

Updates/ Aktualisierung: Derzeit wird diese Funktion noch nicht angeboten.

4.1.2. Technische Kriterien

Betriebssysteme: Eine Einschränkung des Betriebssystems wird nicht angegeben. Das Prozessportal und deren Funktionen, lässt sich in Windows Vista und Windows 7 ohne Probleme öffnen und bedienen.

Cloudbasierte Lösung: Es gibt die Möglichkeit, eine cloudbasierte Lösung zu verwenden z.B. können die Semtalk Services (Webparts) aus der Cloud heraus benutzen werden.

Browserwahl: Das Portal lässt sich grundsätzlich von Internet Explorer, Mozilla Firefox und Safari öffnen. Jedoch lässt es sich nur im vollen Umfang mit dem IE bedienen. Sowohl mit Firefox als auch mit Safari konnte nicht auf die Modelle, Reports und den Propertys zugegriffen werden.

Soft- und Hardware Voraussetzungen: Damit das Portal genutzt werden kann, wird noch eine Lizenz des SharePoint Server benötigt. Silverlight ist eine Erweiterung für den Browser und wird ebenfalls benötig, welches sich aber auch über die Sicherheitsupdates von Windows mit installiert. Zusätzlich werden noch ein paar Sicherheitseinstellungen in den Internetoptionen benötigt. Das Portal kann dann einfach über den Browser geöffnet werden, ohne dass zusätzlich ein Client oder extra Startprogramm benötigt wird.

Verfügbarkeit: Microsoft verspricht, für den Schare Point Server eine Verfügbarkeit von 99,99 %. Die Verfügbarkeit wurde an mehreren Tagen zu unterschiedlichen Zeiten getestet und bei diesen Testszenarien gab es keine Einschränkungen.

Performance: Für den Performancetest wurde das Portal an verschiedenen Tagen zu unterschiedlicher Zeit getestet. Dabei wurde die Zeit beim Einloggen, bei der Suche und dem Öffnen eines Prozesses, sowie die Weiterleitung einer Verfeinerung beobachtet. Das Testszenario ergab dabei keine Einschränkung in der Performance. Lediglich das Anmelden auf der Startseite hat etwas länger als eine Sekunde gebraucht.

Zugriff auf Endgeräte: Es ist derzeit noch nicht möglich das Prozessportal über weitere Endgeräte (wie Tablet-PC oder Smartphones) zu bedienen.

4.1.3. Usability

Farbauswahl: Im Prozessportal gibt es keine Möglichkeit, die Farbe oder das Layout, in eine barrierefreie Sicht zu ändern. Allerdings kann die von einem Unternehmen bevorzugte Farbe, bei Absprache mit dem Hersteller mit übernommen werden. Auch kann die Farbe, bei der Erstellung eines Webparts angepasst werden. SharePoint selber bietet zusätzlich, auf der Startseite die Möglichkeit, über change site theme das Farbschema zu wechseln.

Schriftauswahl: Es wird hier keine Möglichkeit geboten, die Ansicht der gesamten Seite zu vergrößern oder zu verkleinern. Die Modellansicht ist die einzige die solch eine Funktion besitzt. Die Ansicht lässt sich hier leicht mit dem Mausrad oder über eine Skala vergrößern bzw. verkleinern. Mit der Tastenkombination, Steuerungstaste (Strg) und Mausrad scrollen oder über die Zoomfunktion des Browsers lässt sich leicht die Darstellung vergrößern oder verkleinern. Wenn die Darstellung der Seite vergrößert wird, bleibt auch alles an seinem Platz und keine Schrift überlappt sich oder wird von einer Grafik verdeckt. Die in dem Portal abgebildeten Zeichen sind ebenfalls gut und eindeutig zu erkenn.

Benutzeroberfläche: Dadurch, dass sich die Webparts editieren und somit auch verschieben lassen, kann die Benutzeroberfläche so angepasst werden, das der Benutzer bequem arbeiten kann. Zusätzlich besteht die Möglichkeit, den Startbildschirm in SharePoint individuell anzupassen. Es werden jedoch keine vordefinierten Beispieloberflächen angeboten.

Mehrsprachigkeit: Im Prozessportal selbst gibt es keine Möglichkeit, zwischen den Sprachen zu wechseln.

Lokalität: Hier gab es keine Beanstandung.

4.1.4. Identitätsmanagement

Rollenkonzept: Wenn eine Rolle nicht die ausreichenden Rechte besitzt, wird es durch eine etwas blassere graue Darstellung der Schrift gekennzeichnet. Ein weiteres Zeichen dafür, dass die Rechte nicht ausreichend sind, ist die Fehlermeldung „Zugriff verweigert (access denied)". Ein im Unternehmen ausgearbeitetes Rechte- und Rollenkonzept lässt sich einfach mit dem Prozessportal integrieren. Jedoch gibt es noch keine Möglichkeit eine rollenspezifische Sicht anzeigen zu lassen, so dass ein Benutzer nur für ihn relevante Themen sieht.

Benutzerkonto: Der Zugang zum Benutzerkonto befindet sich in der oberen rechten Bildschirmecke. Im Allgemeinen wird das Benutzerkonto von der IT-Abteilung des Unternehmens angelegt. Durch das anklicken auf den Benutzernamen, werden mehrere Möglichkeiten zur Auswahl gegeben: Darunter besteht die Möglichkeit auf die Startseite zurück zu wechseln, zum eigenen Profil zu wechseln, zu den Benutzereinstellungen zu wechseln, sich als ein anderer Benutzer anmelden oder sich Abmelden. Die folgende Abbildung (Abb.11 Benutzerkonto) zeigt ein Beispiel was zu sehen ist, wenn eine Teamwebsite besucht und der Benutzernamen ausgewählt wird.

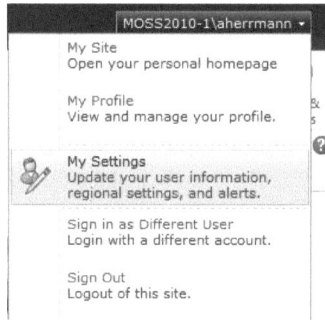

Abbildung 11: Benutzerkonto

Anmeldung: Das Kennwort muss hier einmal bei der Anmeldung eingegeben werden. Danach können alle weiteren Dienste oder Anwendungen ohne das erneute Eingeben des Kennwortes genutzt werden. Das Kennwort selbst besteht aus mindestens acht Zeichen, darunter auch Sonderzeichen und wird mehrfach verschlüsselt. Solange ein Benutzer angemeldet ist, kann er mehrere Browserfenster öffnen, ohne sich neu anmelden zu müssen. Ein Single Sign-On ist ebenfalls möglich.

4.1.5. Kosten

Bereitstellung und Einrichtung: Die Kosten für jeden SemTalk Services werden mit 5.000€ angesetzt. Dabei ist anzumerken, dass die erworbenen Lizenzen kein Microsoft Visio oder SharePoint Server 2010 enthalten. Die Lizenz von Microsoft Visio und dem SharePoint Server wird zusätzlich benötigt.

Pflege: Für die Pflege z.B. durch Updates, technischen Support oder Fehlerbehebung werden Kosten in Höhe von 18% des Listenpreises fällig. Die Pflege der Modelle und Daten können durch den Endanwender, je nach zugewiesener Rolle und Rechten, selber durchgeführt werden.

Wartung: In der Wartung ist die Pflege mit inbegriffen.

Schulung: Die Semtation GmbH bietet zahlreiche Schulungen, Workshops und Beratungen innerhalb Deutschlands an. Zusätzlich werden noch regelmäßig User-Meetings organisiert. Die Kosten können dabei, je nach Umfang bis zu 1.450€ (pro Tag) betragen.

4.2. ADONIS®[14]

Prof. Dr. Dimitris Karagiannis hat die BOC Information Technologies Consulting GmbH 1995 in der Universität Wien als Spin-Off[15] der BPMS- (Business Process Management Systems) Gruppe des Instituts für Informatik und Wirtschaftsinformatik ins Leben gerufen. Im Laufe der Jahre entstanden, neben dem Hauptsitz in Wien weitere unabhängige Landesgesellschaften in Berlin (1996), Madrid (1997), Dublin (1998), Athen (1999), Warschau (2002) und der Schweiz (2009). Die Gruppe konnte sich als international tätiges Beratungs- und Softwarehaus etablieren und gründete daraufhin 2005 die BOC Information Technologies Consulting AG in Wien [BOCGa]. Mit mehr als 140 Mitarbeitern betreut das Unternehmen heute sowohl multinationale Konzerne, aber auch Klein- und Mittelbetriebe (KMUs). Eingesetzt wird ADONIS® beispielsweise von der Gothaer Versicherung, der Deutschen Bank, dem Finanzministerium Brandenburg und DHL Express [DKKZ08]. ADONIS® ist ein Teil des BOC Management Office. Weitere Produkte, die von der BOC-Gruppe angeboten werden, sind: ADOscore, ADOlog, und ADOit.

Zusätzlich wird seit 2008 das ADONIS® Prozessportal angeboten, welches einen rollenspezifischen Online-Zugriff auf die ADONIS® Datenbank ermöglicht und beispielsweise Szenarien wie Online Publishing und Editing, Freigabe von Prozessen sowie Kennzahlen-Management unterstützt [JKSK00]. Es wird empfohlen, das Portal in Kombination mit dem sogenannten ADONIS® Rich Client (Geschäftsprozess-management-Toolkit) zu nutzen, um alle Funktionen des ADONIS® Prozessportals ausschöpfen zu können. Die BOC AG stellt die Software ADONIS® hierbei auf einem Citrix Server bereit. Da ADONIS® auf die Datenbank des Kunden aufsetzt, können die Änderungen oder neue Modelle direkt auf der Datenbank gespeichert werden. Es ist jedoch nicht möglich, ein Modell gleichzeitig im ADONIS® Prozessportal und im Rich Client zu öffnen. Wenn ein Modell im Rich Client geöffnet ist wird es für das Prozessportal gesperrt. Wenn allerdings ein Modell im Portal offen ist, kann es gleichzeitig schreibgeschützt im Rich Client geöffnet werden [BOCGd].

Eine Einzelplatzlizenz der aktuellen ADONIS® Version 5.0 in der Business Edition kostet 4.300€ und bei der Client/ Server Variante werden 6.500€ veranschlagt. Die Pflege und Wartung belaufen sich jeweils auf 18% des Listenpreises.

ADONIS® und das ADONIS® Prozessportal sind eingetragene Warenzeichen der BOC Information Technologies Consulting AG. Alle anderen genannten Marken sind Eigentum der jeweiligen Hersteller. Alle angeführten Inhalte sind urheberrechtlich geschützt. Alle Arten von Änderungen, Erweiterungen oder Beilagen sind nur nach vorherigem, schriftlichem Einverständnis der BOC Information Technologies Consulting AG erlaubt. Reproduktionen in jeder Form sind nur unter Angabe des Copyright-Vermerks erlaubt. Publikationen sowie Übersetzungen bedürfen des schriftlichen Einverständnisses der BOC Information Technologies Consulting AG.

4.2.1. Funktionelle Kriterien

Suche: Die Sucheingabemaske befindet sich an einer für sie typischen Stelle oben rechts. Dank des blauen Rahmens, dem weißen Eingabefeld und der sich davon abhebenden dunklen Schrift ist sie leicht und schnell zu erkennen. Nur noch schneller zu erkennen wäre die Suche, wenn sie auf der linken Seite direkt nach dem letzten Reiter (in diesem Fall die Möglichkeit zur Auswahl der Ansicht) gekommen wäre. So kann es sein, dass die Suche schnell mit dem Filter verwechselt werden kann, da die wichtigsten Information alle auf der linken Seite zu finden sind. Es gibt zwar keine Vervollständigungshilfe, aber dank der Live-Suche werden schon nach der Eingabe von drei Buchstaben mögliche Ziele vorgeschlagen (Abb.12: Live-Suche). Nach dem Bestätigen der Suche werden alle Ziele, die das gesuchte Wort beinhalten, angezeigt.

---

[14] Quelle zu ADONIS® ist die Webseite http://www.boc-group.com/de
[15] Spin-Off bezeichnet in der Betriebswirtschaftslehre eine Abspaltung einer Geschäftseinheit aus einem Unternehmen und Firmenneugründung mit diesem Teil zu einer eigenständigen Firma.

Das Ergebnis erscheint innerhalb von fünf Sekunden und eine Information über den Misserfolg der Suche (Abb.13: Falscher Suchbegriff) wird ebenfalls ausgegeben.

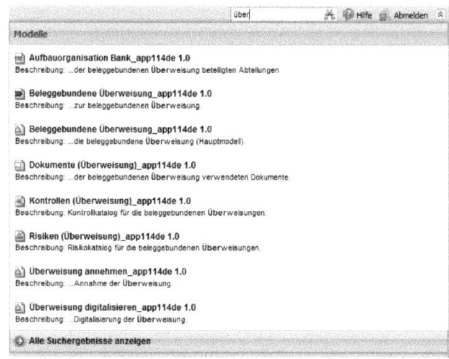

Abbildung 12: Live-Suche

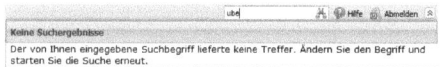

Abbildung 13: Falscher Suchbegriff

Erweiterte Suche: Neben der Suche gibt es weitere Möglichkeiten, um an das gewünschte Ziel zu gelangen. In die Suche integriert, ist die Live-Suche mit der es möglich ist, nicht nur Treffer mit dem beinhalteten Wort, sondern auch Objekte mit dem gesuchten Wort zu finden. Außerdem wird hier die Möglichkeit gegeben, über einen Filter zu suchen. Entweder kann ein Begriff manuell eingegeben oder über einen Reiter eine Auswahl an Begriffen für den Filter gewählt werden. Eine weitere Möglichkeit ist das Suchen über die Prozesslandkarte und über die Verfeinerung der Prozesse. Jedoch hat die Rolle des Prozessexperten keine Möglichkeit über die Prozesslandkarte zu suchen.

Navigation: Es ist hier möglich, über eine Baumstruktur zu dem gewünschten Ziel zu navigieren. Ebenso ist es möglich, über die Prozesslandkarte zu navigieren, über die Verfeinerung der Modelle, in der graphischen Sicht oder über die Details der tabellarischen Sicht. Durch den Reiter „Start" kann auch jederzeit wieder zur Startseite gewechselt werden.

Darstellung der Prozesse: Die Prozessmodelle können hier einmal in einer graphischen Sicht, in einer tabellarischen Sicht und in einer Referenzsicht angezeigt werden. Wobei die tabellarische Sicht die Anzahl der enthaltenen Objekte, wie Aktivität, Entscheidungen, Start und Ende auflistet und die Referenzsicht die Attribute, Quellobjekte und Quellmodelle auflistet. Die Geschäftsprozesse haben zusätzlich die Möglichkeit, in eine sogenannte Textansicht zu wechseln, in der neben dem Namen und der Beschreibung der Objekte, die verantwortlichen Rollen, Input, Output und referenzierte Systemelemente in einer Tabelle aufgelistet werden. In der Rolle als Prozessexperte gibt es noch zusätzlich die Möglichkeit, sich den Prozess in einer Kennzahlensicht anzeigen zu lassen. Diese Sicht bietet eine Aufschlüsselung über den Ist- und Sollwert der in dem Prozess befindlichen Kennzahlen. Für eine bessere Übersicht wurde der Beispielprozess „Beleggebundene Überweisung" mit den verschiedenen Sichten, in den nachfolgenden Abbildungen dargestellt (Abb.14: graphische Sicht, Abb.15: tabellarische Sicht, Abb.16: Referenzsicht, Abb.17: Textansicht, Abb.18: Kennzahlensicht).

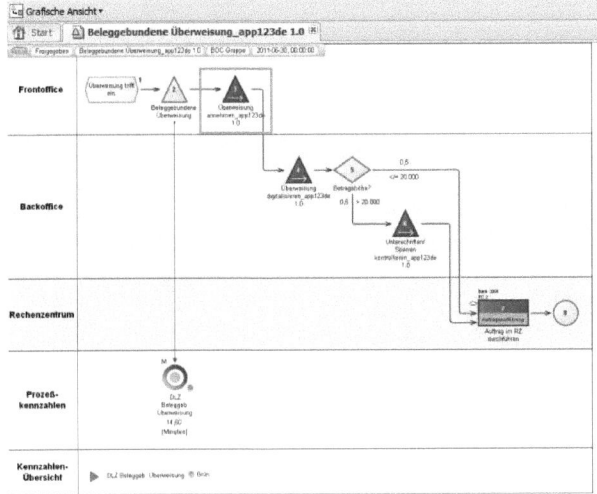

Abbildung 14: graphische Sicht

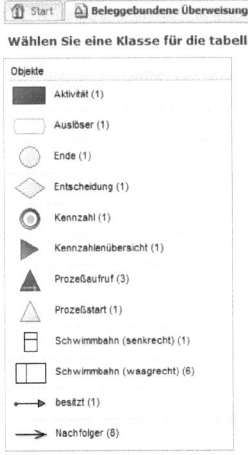

Abbildung 15: tabellarische Sicht

Objekt	Attribut	Quellobjekt	Quellmodell
Beleggebundene Überweisung_app123de 1.0	Referenzierter Prozeß	Beleggebundene Überweisung	Beleggebundene Überweisung_app123de 1.0
DLZ Beleggeb. Überweisung	Kennzahlenübersicht	Kennzahlenübersicht - Beleggebundene Überweisung	Beleggebundene Überweisung_app123de 1.0
DLZ Beleggeb. Überweisung	Kennzahlenübersicht	Übersicht Prozeßlandkarte Beleggebundene Überweisung	Beleggebundene Überweisung_app123de 1.0

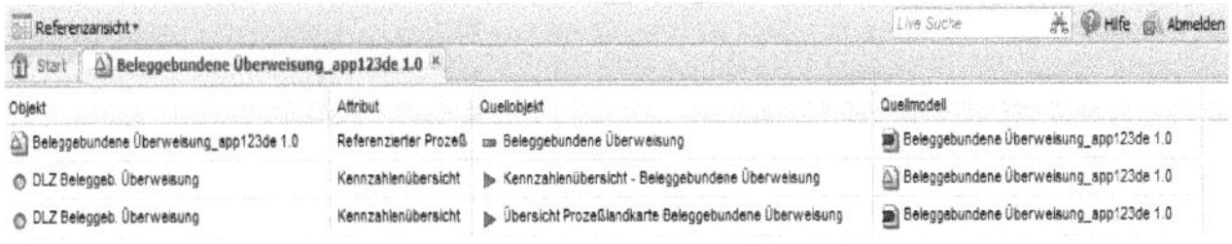

Abbildung 16: Referenzsicht

Abbildung 17: Textansicht

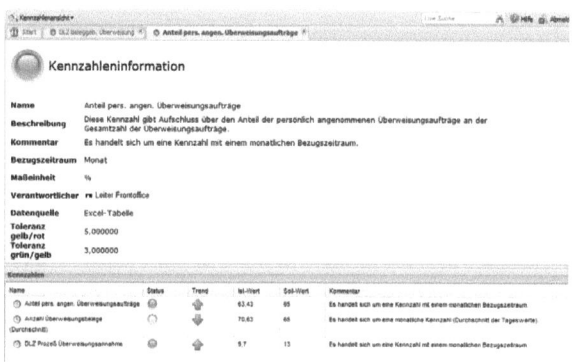

Abbildung 18: Kenzahlensicht

Prozesssteckbriefe: Die Prozesssteckbriefe werden hier Modellattribute genannt und können mit der Maus per Rechtsklick auf den Namen und dann auf Modellattribute aufgerufen werden. Dort lassen sich die Beschreibung, die Referenzübersicht, Benutzerattribute, Systemattribute sowie die Änderungshysterie und die Verbesserungsvorschläge anzeigen und bearbeiten.

Repository: Es gab hier nur die Möglichkeit, die einzelnen Objekte des gerade betrachteten Prozesses anzusehen. Eine Bibliothek der gesamten Repository ist hier allerdings nicht zu finden.

Dokumentenbibliothek: Eine Dokumentenbibliothek, in der alle im Portal vorhandenen Geschäftsprozesse aufgeführt werden, gibt es hier nicht. Daher lässt sich auch nichts über die Versionskontrolle sagen oder ob es möglich, ist die Geschäftsprozesse zu verwalten bzw. zu bearbeiten. Eine Alternative wäre, die Prozesse über die Suche oder dem Modellbaum aufzurufen und dann über die Attribute zu bearbeiten.

Feedback Funktion: In der Rolle als Prozesseditor gibt es die Möglichkeit, direkt unter dem Prozess ein Verbesserungsvorschlag abzugeben (Abb.19: Verbesserungsvorschläge unter dem Prozess). Dieser wird dann in einer Tabelle mit dem ältesten Datum zuerst angezeigt. Eine weitere Möglichkeit, ist es die Verbesserungsvorschläge über die Attribute des Prozesses aufzurufen. Auf einem Verbesserungsvorschlag konnte jedoch nicht direkt geantwortet werden, obwohl es eine Spalte mit Bemerkung gibt. Es ist auch nicht möglich, einen Vorschlag zu bewerten, um so eine Gewichtung oder ein Feedback des Vorschlages zu erhalten. Auf der Startseite wird hier zwar der Hinweis, das was verändert wurde, gegeben, jedoch fehlt ein kleine Information, was neu ist.

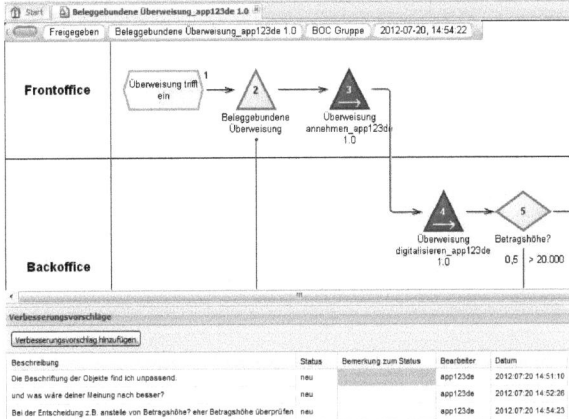

Abbildung 19: Verbesserungsvorschläge unter dem Prozess

Export Funktion: Da in dem Testportal keine Dokumente vorliegen, war es nicht möglich, ausprobieren ob sich diese öffnen lassen. Ebenfalls gab es keine Möglichkeit, eine Modellansicht gekoppelt mit einer Druckausgabe, als PDF z.B. zu bekommen. Die einzige Möglichkeit, die hier gegeben war, ist es eine URL (Uniform Resource Locator) in die Zwischenablage kopieren zu lassen.

Update/ Aktualisierung: Aufgrund der Tatsache, dass der eine Testaccount drei verschiedene Rollen besaß und nicht für jede Rolle einen Account, konnte auf dem Startmenü nur die letzte Änderung des Testaccounts gesehen werden. Dadurch konnte nicht überprüfen, ob diese Änderung auch für andere Benutzer sichtbar ist. Aber auch die Information über die Veränderung ist ungenügend. Dort ist lediglich der Tag an dem eine Veränderung stattfand, der letzte Bearbeiter sowie der Modellstatus und um welchen Prozess es sich dabei handelt zu erkennen. Aber es gibt keine Information darüber, was verändert wurde. Um eine detailliertere Beschreibung zu erhalten, muss das Modellattribut geöffnet und dann der Reiter „Änderungshistorie" ausgewählt werden (Abb.20 Änderungshistorie).

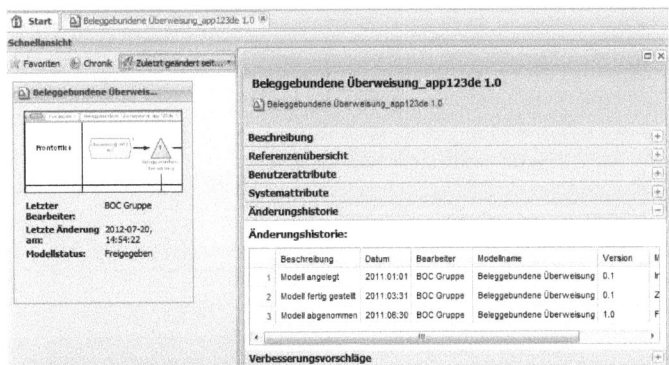

Abbildung 20: Änderungshistorie

4.2.2 Technische Kriterien

Betriebssystem: Laut Hersteller soll das Portal für die Betriebssysteme von Windows 2000 mit dem Service Pack 4, Windows XP, Windows Vista und Windows 7 funktionieren. Für Windows Vista und Windows 7 kann das bestätigt werden.

Cloudbasierte Lösung: Es besteht die Möglichkeit das Portal als Cloud zu nutzen, der Standard ist jedoch die Installation beim Kunden. Das Geschäftsprozessmanagement-Toolkit wird ebenfalls als Cloudsoftware angeboten. Dieses Toolkit kann in Kombination mit dem Portal verwendet werden. Es wird hier die Möglichkeit geboten, auf einem Citrix-Server installierte ADONIS®-Version zuzugreifen.

Browserwahl: Der Hersteller garantiert, dass sich das Portal mit dem Internet Explorer (IE) 6.0 und höher sowie dem Firefox ab der Version 2.0 nutzen lässt. Auf allen getesteten Browsern gab es keine Probleme.

Soft- u. Hardware Voraussetzungen: Um mit dem Portal arbeiten zu können, bedarf es keiner weiteren Installation von Soft- oder Hardware, es ist einfach über den Browser aufrufbar. Lediglich für die Verwendung des Toolkits wird ein Client benötigt.

Verfügbarkeit: Der Hersteller verspricht eine Verfügbarkeit von 99,99 %. Die Verfügbarkeit wurde an mehreren Tagen zu unterschiedlichen Zeiten getestet und bei diesen Testszenarien gab es keine Probleme.

Performance: Für den Performancetest wurde das Portal an verschiedenen Tagen zu unterschiedlicher Zeit getestet. Dabei wurde die Zeit beim Einloggen, bei der Suche und dem Öffnen eines Prozesses, sowie die Weiterleitung einer Verfeinerung beobachtet. Das Testszenario ergab dabei keine Einschränkung in der Performance. Lediglich das Einloggen hat etwas länger als eine Sekunde gebraucht.

Zugriff auf Endgeräte: Das Portal soll auch über das iPad funktionieren, das verspricht zumindest ein Video auf der Internetseite der BOC AG[16]. Da hier kein iPad zur Verfügung stand, konnte es nicht daraufhin getestet werden. Allerding konnte es auf einem iPhone 3GS getestet werden. Dort lässt es sich auch ohne Probleme bedienen. Getestet wurden das Vergrößern des Modells, Eingabe von Daten, Sprachwechsel und Sichtänderung. Einziger Nachteil: Aufgrund des kleinen Displays (3,5 Zoll) ist nur wenig zu erkennen. Es lässt sich auch leider nur die Ansicht des Modells manuell vergrößern.

4.2.3 Usability

Farbauswahl: Es ist hier nicht direkt möglich, die Farbe umzustellen oder ein Farbschema anzupassen. Jedoch kann die Farbe und das Layout mit der von einem Unternehmen bevorzugten, bzw. verwendeten Farbe übernommen werden.

Schriftauswahl: Die Schrift lässt sich in der normalen Größe gut erkennen, jedoch hängt dies auch von der Bildschirmgröße und der Auflösung ab. Leider gibt es keine extra Funktion die Darstellung zu vergrößern, allerdings lässt sich leicht die Darstellung über die Zoomfunktion des Browsers oder der Tastenkombination der Steuerungstaste (Strg) und Mausrad scrollen die Anzeige vergrößern oder verkleinern. Wenn die Darstellung der Seite vergrößert wird, bleibt auch alles an seinem Platz und keine Schrift überlappt sich oder wird von einer Grafik verdeckt. Die in dem Portal abgebildeten Zeichen sind ebenfalls gut und eindeutig zu erkenn.

Benutzeroberfläche: In der Version, für den Vergleich, konnte hier keine Einstellung an der Benutzeroberfläche vorgenommen werden. Es wird auch normalerweise nicht angeboten, kann aber bei Bedarf und Absprache mit dem Hersteller eingebunden werden.

---

[16] Video der BOC AG: ADONIS Process Portal on the iPad, online im Internet: http://www.boc-group.com/de/produkte/adonis/adonis-prozessportal/

Mehrsprachigkeit: Es besteht hier die Möglichkeit, zwischen Englisch und Deutsch zu wechseln. Mit Hilfe des Active Directory lassen sich einfach neue Sprachpakete nachrüsten.

Lokalität: Hier gab es keine Beanstandungen.

4.2.4 Identitätsmanagement

Rollenkonzept: Für den Vergleich wurden drei Rollen in einem Benutzerkonto bereitgestellt, die nach erfolgreicher Anmeldung zur Auswahl standen (Abb.21: Auswahl der Rollen). Wenn eine Rolle nicht die ausreichenden Rechte besitzt, wird es durch ein *Schreibgeschützt* und der etwas blasseren grauen Darstellung der Schrift gekennzeichnet. Ebenfalls werden nicht-relevante Anzeigen ausgeblendet, wie z.B. in der Rolle des Prozessexperten, welcher nur den Punkt die *Geschäftsprozesse* und nicht die gesamte Baumstruktur mit Prozesslandkarte, Dokumentenmodell usw. sieht.

Abbildung 21: Auswahl der Rollen

Benutzerkonto: In der Version, für den Vergleich, war es nicht möglich, Einstellungen an dem Benutzerkonto vorzunehmen.

Anmeldung: In der Standardversion muss das Kennwort nur einmal bei der Anmeldung eingegeben werden. Danach können alle weiteren Dienste oder Anwendungen ohne das erneute eingeben des Kennwortes genutzt werden. Das Kennwort selbst besteht aus mindestens acht Zeichen, darunter auch Sonderzeichen und wird mehrfach verschlüsselt. Mit Hilfe des Active Directory ist es ebenso möglich das Passwort für ein Single Sign-On einzurichten.

4.2.5 Kosten

Bereitstellung und Einrichtung: Die Kosten für die Bereitstellung und Einrichtung des Prozessportals belaufen sich auf 6.500€.

Pflege: Für die Pflege z.B. durch Updates, technischen Support oder Fehlerbehebung werden Kosten in Höhe von 18% des Listenpreises fällig. Die Pflege der Modelle und Daten können durch den Endanwender, je nach zugewiesener Rolle und Rechten, selber durchgeführt werden.

Wartung: Die Wartung wird mit der Pflege gleichgesetzt und ist in den 18% des Listenpreises der Pflege mit inbegriffen.

Schulung: Das Portal hat eine intuitive Bedienung und benötigt im Normalfall keine Schulung. Sollte jedoch trotzdem eine Schulung notwendig sein, gibt es mehrere Möglichkeiten. Die Schulungen können dabei in den Räumen der BOC AG sein oder auch nach Absprache im Kundenunternehmen abgehalten werden und dauern maximal 2 Tage. Die Preise belaufen sich von 400€ bis 800€ je nach Schulungsart, zzgl. 19% MwSt. und werden pro Person berechnet.

4.3.   Ergebnis

Nach der Analyse der getesteten Portale bin ich zu dem Ergebnis gekommen, dass beide das Potenzial zu einem sehr guten Prozessportal haben. Dabei hat das Prozessportal von SemTalk etwas mehr überzeugt wie in Tabelle 3 zu erkennen ist.

Tabelle 3: Ergebnis der Analyse

Kriterien:	Gewichtung in Prozent	SemTalk PP Punkte	G/5*P	Adonis® PP Punkte	G/5*P
		Semtation GmbH		BOC AG	
Systeme:		SemTalk PP		Adonis® PP	
Funktionelle Kriterien	**30**				
Suche	5	4	4	5	5
Erweiterte Suche	15	5	15	5	15
Navigation	15	5	15	5	15
Darstellung der Prozesse	5	3	3	5	5
Prozesssteckbriefe	10	5	10	5	10
Repository	10	5	10	0	0
Dokumentenbibliothek	10	5	10	0	0
Feedback Funktionen	15	2	6	4	12
Export Funktion	10	5	10	1	2
Updates/ Aktualisierung	5	0	0	2	2
	100		83		66
Technische Kriterien	**22**				
Betriebssysteme	2	4	1,6	4	1,6
Cloudbasierte Lösung	10	5	10	5	10
Browserwahl	10	4	8	5	10
Soft- u. Hardware Voraussetzungen	40	3	24	5	40
Verfügbarkeit	15	5	15	5	15
Performance	20	5	20	5	20
Zugriff auf Endgeräte	3	0	0	5	3
	100		78,6		99,6
Usability	**20**				
Farbauswahl	20	4	16	4	16
Schriftauswahl	20	5	20	5	20
Benutzeroberfläche	20	4	16	3	12
Mehrsprachigkeit	20	3	12	5	20
Lokalität	20	5	20	5	20
	100		84		88
Identitätsmanagement	**18**				
Rollenkonzept	50	5	50	5	50
Benutzerkonto	25	3	15	0	0
Anmeldung	25	5	25	5	25
	100		90		75
Kosten	**10**				
Bereitstellung und Einrichtung	50	3	30	3	30
Pflege	25	3	15	3	15
Wartung	10	3	6	3	6
Schulung	15	3	9	3	9
	100		60		60
Ergebnis	100	SemTalk PP	83,38	Adonis® PP	80,86
Ergebnis mit Kosten			81,19		78,81

Im direkten Vergleich hat das Prozessportal von ADONIS® auf den ersten Blick einen besseren Eindruck vermittelt, auch wenn das Ergebnis etwas anderes wiedergibt. Bei der Anmeldung hatte ich schon das Gefühl auf der richtigen Webseite zu sein, da ich hier mit „Willkommen im ADONIS Prozessportal" begrüßt werde. Wogegen bei SemTalk erst ein Anmeldefenster geöffnet wird, bevor ich auf die Webseite weitergeleitet werde. Nach erfolgreicher Anmeldung im ADONIS® Prozessportal finde ich mich durch einen gut strukturierten Aufbau der Seite sehr schnell zurecht. Die einzelnen Bedienelemente befinden sich in separaten Fenstern und wenn eines davon nicht benötigt wird, kann es ausgeblendet werden. Alle Informationen können auf einem Blick erfasst werden, dadurch ist es leicht, den Überblick zu behalten. Mit den verschiedenen Sichten eines Modells, welche einfach über einen Reiter auswählbar sind, wird der Gesamteindruck noch weiter abgerundet. Bei den HPA und Semtalk Services2 Prozessportalen von SemTalk fehlte mir leider diese Struktur. Dort können die einzelnen Webparts zwar individuell angebracht sein, jedoch fehlt ihnen ein Rahmen oder eine Begrenzung, so dass sich die einzelnen Webparts voneinander nur schwer unterscheiden lassen. Hinzu kommt, dass die Gesamtgröße den Bildschirm übersteigt und sich auch bei weiteren aufkommenden Informationen weiter verschiebt, so dass erst das Bild verschoben werden muss um alle auftauchenden Informationen zu erfassen. Dafür bieten mir die Prozessportale von SemTalk auf Anhieb mehr Informationen, ohne dass ich erst die Attribute aufrufen muss und auch die Darstellung lässt sich hier leichter vergrößern, verkleinern oder auf die Gesamtansicht wechseln. Was mir bei den Prozessportalen von SemTalk auch gefallen hat, war dass ich das Modell in einer PDF-Ansicht anzeigen lassen kann, z.B. für eine Druckausgabe. Ebenfalls positiv hervorheben möchte ich die vielen Navigationsmöglichkeiten. Die Position der Suche in den HPA und Semtalk Services2 Prozessportalen ist aus meiner Sicht hier ungünstig, was sich aber leicht durch die Verschiebung des Webparts ändern lassen kann. Im ADONIS® Prozessportal ist die Suche für mich auch nicht ganz so günstig angebracht aber trotzdem noch schnell zu erkennen. Das automatische Abmelden des ADONIS® Prozessportals ist schon keine so schlechte Idee. Es wird dadurch zwar eine zusätzliche Sicherheit gegeben, z.B. wenn vergessen wird sich abzumelden. Jedoch kann es dadurch auch zu ungewollten Abmeldungen kommen. Ein mögliches Szenario wäre bei einem Telefonat.

5. Fazit und Ausblick

Beide Portale haben auf mich einen positiven Eindruck hinterlassen und haben ihre Vor- und Nachteile. Durch den strukturierten Aufbau und einer guten Übersicht lässt sich das ADONIS® Prozessportal schneller und einfacher bedienen. Die verschiedenen Ansichten sind auch sehr interessant und hilfreich. Allerdings haben die Modelle eine proprietäre, derzeit nicht-standardisierte Notation. Auch sind die Modellvisualisierung und -inhalte untrennbar miteinander verbunden. Dadurch, dass sich mit jeder neuen Aktion ein neuer Reiter öffnet, kann die Übersicht schnell verloren gehen. Nach einer kurzen Eingewöhnungsphase lassen sich die Prozessportale von SemTalk ebenfalls gut bedienen und mit Share Point hat SemTalk einen starken Partner, der für die Unternehmen schon ein Unternehmensportal mitbringt. Die Prozessportale von SemTalk bieten zwar mehr Möglichkeiten, sind jedoch noch nicht ganz ausgereift, z.B. sind einige Ausgänge oft noch als Entry.Point mit einer Zahl bezeichnet, obwohl sie einen Titel haben. Jedoch ist es möglich, dank der Service, das Portal individuell zu gestalten und somit auf Wünsche der Endbenutzer einzugehen. Abschließend kann gesagt werden, dass die Portale mehr Transparenz bieten und die Organisations-entwicklung weiter unterstützen. Dadurch ist es möglich, eine schnellere Reaktion bei Änderungen zu erzielen. Ebenso lässt sich die Qualität steigern, da Fehler minimiert und eine höhere Sicherheit erreicht werden können. Dank der offenen Struktur und zentralen Ablage wird die Performance ebenfalls gesteigert. Mit der Bündelung des gesamten Prozesswissens wird die Nachnutzbarkeit ebenfalls gesteigert. Ich bin überzeugt, dass die Prozessportale zu einem wichtigen Bestandteil werden, weil sie die Prozessqualität erhöhen und eine bisher nicht mögliche Flexibilität, Transparaenz und Sicherheit erreichen.

Da die Tablett-PCs immer populärer werden und gewisser Weise schon zum Businessstandard dazugehören, ist es vorstellbar, dass sich die Prozessportale auch mit den Tabletts bedienen lassen. Die BOC AG hat dort schon den ersten Schritt gemacht. Sie bietet die Möglichkeit das ADONIS® Prozessportal über das iPad zu benutzen. Eine eigene App wäre auch denkbar, um so noch schneller auf das Prozessortal zugreifen zu können.

Quellenverzeichnis

Bücher und Studien

[ALLW09] Allweyer, T.; BPMN 2.0 Business Process Modeling Notation: Einführung in den Standard für die Geschäftsprozessmodellierung. 2.Auflage. Books on Demand GmbH, 2009

[DKKZ08] Drawehn, Jens; Kicherer, Florian; Kopperger, Dietmar; Zähringer, Daniel; Business Process Management Tools 2008 – eine evaluierende Marktstudie zu aktuellen Werkzeugen. Fraunhofer Institut für Arbeitswirtschaft und Organisation IAO, 2008

[FGNT10] Funk, B.; Gómez, J. M.; Niemeyer, P.; Teutenberg, F.; Geschäftsprozessintegration mit SAP: Fallstudie zur Steuerung von Wertschöpfungsprozessen entlang der Supply Chain. 1.Auflage. Springer Verlag, 2010

[KGHV04] Kirchhof, A.; Gurzki, T.; Hinderer, H.; Vlachakis, J.; Was ist ein Portal? Definition und Einsatz von Unternehmensportalen. Fraunhofer Institut für Arbeitswirtschaft und Organisation IAO, 2004

[KRFG02] Krallmann, H.; Frank, H.; Gronau, N.; Systemanalyse im Unternehmen: Vorgehensmodelle, Modellierungsverfahren und Gestaltungsoptionen. 4.Auflage. Oldenbourg-Wissenschaftsverlag GmbH, 2002

[KRCM09] Krcmar, Helmut; Informationsmanagement. 5.Auflage. Springer Verlag, 2009

[PUSC04] Puschmann, Thomas; Prozessportale: Architektur zur Vernetzung mit Kunden und Lieferanten: 1.Auflage. Springer Verlag, 2004

[SCHW96] Schwickert, Axel; Fischer, Kim; Der Geschäftsprozess als formaler Prozess - Definition, Eigenschaften, Arten. Universität Mainz, Arbeitspapiere Nr. 4/1996

[SCKR04] Schwarzer, B.; Krcmar, H.; Wirtschaftsinformatik: Grundzüge der betrieblichen Datenverarbeitung. 3.Auflage. Schäffer-Poeschel Verlag, 2004

[WILH07] Wilhelm, Rudolf; Prozessorganisation. 2.Auflage. Oldenbourg-Wissenschaftsverlag GmbH, 2007

Internetquellen

[BTEX] Artikel: High Performance Portale mit SAP NetWeaver; (Herausgeber) btexx business technologies, online im Internet: http://www.btexx.de/consulting/trendthemen/portal-performance [11.07.12]

[BMDI] Bundesministerium des Innern, Organisationshandbuch, online im Internet: http://www.orghandbuch.de/nn_413578/OrganisationsHandbuch/DE/6__MethodenT echniken/62__Dokumentationstechniken/624__Prozessmodelle/prozessmodelle__in halt.html [18.01.2012]

[BOCGa] BOC Information Technologies Consulting AG, offizielle Homepage: http://www.boc-group.com/de/ [05.12.2011]

[BOCGb] BOC Information Technologies Consulting AG; ADONIS® Prozessportal. ADONIS® einfach online nutzen, online im Internet: http://www.boc-group.com/de/produkte/ADONIS/adonis-prozessportal/ [05.12.2011]

[BOCGc] Das ADONIS® Prozessportal. BOC Information Technologies Consulting AG, 2011, online im Internet: http://donar.messe.de/exhibitor/cebit/2012/F609626/das-adonis-prozessportal-ger-54940.pdf [18.10.2011]

[CBIT] Artikel: CeBIT 2012, Cloud Computing wird wichtigster IT Trend, (Herausgeber) Fokus online, 05.03.2012, online im Internet: http://www.focus.de/digital/computer/cebit-2012/weltgroesste-computermesse-die-trends-der-cebit-2012_aid_720693.html [12.07.2012]

[FORD]Henry Ford ein US-amerikanischer Konstrukteur, Industriealler und Gründer des Autokonzerns Ford, online im Internet: http://www.whoswho.de/templ/te_bio.php?PID=1164&RID=1 [14.10.2011]

[GAWLa] Gabler Verlag (Herausgeber), Gabler Wirtschaftslexikon, Stichwort: Prozess, online im Internet: http://wirtschaftslexikon.gabler.de/Archiv/12416/prozess-v10.html [30.10.2011]

[GAWLb] Gabler Verlag (Herausgeber), Gabler Wirtschaftslexikon, Stichwort: Portal, online im Internet: http://wirtschaftslexikon.gabler.de/Archiv/81499/portal-v7.html [25.01.2012]

[JKSK00] Junginger, Stefan; Kühn, Harald; Strobl, Robert; Karagiannis, Dimitris; Ein Geschäftsprozessmanagement-Werkzeug der nächsten Generation-ADONIS®: Konzeption und Anwendung. BPMS-Bericht, Wien 2000, online im Internet: http://stefanjunginger.com/mediapool/99/998477/data/Junginger_et_al._-_Ein_Geschaefts..._-_BPMS-Bericht_-_200011.pdf [15.03.2012]

[PESK] Friedrich Peško (Herausgeber), Process Management Consulting, Stichwort: Definition Prozess, online im Internet: http://www.pmc1.de/Prozess%20Definition.html [04.06.2012]

[ONTO] Gesellschaft für Informatik e.V., Stichwort: Ontologien, online im Internet: http://www.gi.de/no_cache/service/informatiklexikon/informatiklexikon-detailansicht/meldung/ontologien-57.html [20.12.2011]

[SEMA] Semtation GmbH, offizielle Hompage: www.semtalk.de/semtalk.html [05.12.2011]

[SEMTa]: Fillies, Christian; Weichhardt, Frauke; Linked Data Interface, Semantics and a T-Box Triple Store for Microsoft SharePoint. Semtation GmbH, 2011, online im Internet: http://www.semtalk.com/pub/LinkedDataSharepoint.pdf [13.10.2011]

[SEMTb11] SemTalk Präsentation. Semtation GmbH, 2011, online im Internet: http://www.semtalk.de/semtalk.pdf [09.11.2011]

[SEMTc07] Semtalk@Sharepoint. Bausteine und Tools für Prozessportale und deren Erstellung. Semtation GmbH, 2007, online im Internet: http://www.semtalk.com/pub/SemTalk%20Sharepoint%20Prozessmodellierer%20Portal.pdf [24.01.2012]

[SMIT] Adam Smith ein schottischer Moralphilosoph und Begründer der klassischen Nationalökonomie, online im Internet: http://www.dibb.de/smith-adam-wealth-of-nations.php [14.10.2011]

[SHPO] Microsoft SharePoint 2010 - Überblick, online im Internet: http://sharepoint.microsoft.com/de-at/Seiten/default.aspx [12.07.2012]

[SPCF10] SharePoint Community Forum, Stichwort: Webpart, 2010, online im Internet: http://sharepointcommunity.de/forums/p/7372/20260.aspx [17.07.2012]

[TAYL] Frederic Winslow Taylor ein US-amerikanischer Ingenieur und Begründer der wissenschaftlichen Betriebsführung, online im Internet: http://www.wirtschaftslexikon24.net/d/taylorismus/taylorismus.htm [14.10.2011]

[UNPRa] Uni-Protokolle.de (Herausgeber), Lexikon, Stichwort: Geschäftsprozess, online im Internet: http://www.uni-protokolle.de/Lexikon/Gesch%E4ftsprozess.html [13.01.2012]

[UNPRb] Uni-Protokolle.de (Herausgeber), Lexikon, Stichwort: Portal, online im Internet: http://www.uni-protokolle.de/Lexikon/Portal_%28Informatik%29.html [13.01.2012]

[KRÖG11] Artikel: Kröger, Kolja; Experton: Firefox hat die meisten Lücken, (Herausgeber) CIO (20.07.2011), online im Internet: http://www.cio.de/knowledgecenter/security/2281782/ [11.07.2012]

[STAT12] Statistik der Statista: Marktanteile der führenden Betriebssysteme weltweit von Jan. 2009 bis Mai 2012, (Herausgeber) StatCounter (Juni 2012), online im Internet: http://de.statista.com/statistik/daten/studie/157902/umfrage/marktanteil-der-genutzten-betriebssysteme-weltweit-seit-2009/ [12.07.2012]

[ZORN07] Zorn, Stefan; Prozessportale: Ein Ansatz zur Qualitätsverbesserung in Service- und Verwaltungsprozessen; Imatics Software GmbH (02.10.2007): online im Internet: http://www.consist.de/opencms/www_consist/sites/www.consist.de/de/events/itak/downloads/20071002_Prozessportale_Ein_Ansatz.pdf

Sonstige Quellen (intern/ nicht frei verfügbar)

[BOCGd] Hirschmann, Claus; Testnutzung des ADONIS® Prozessportals über das Internet. BOC Information Technologies Consulting GmbH, 2011

[BOCGe] Geschäftsprozessmanagement mit ADONIS® Schulung. BOC Information Technologies Consulting AG, 2012

[BOCGf] Das ADONIS® Prozessportal - Funktionalitäten und Anwendungen. BOC Information Technologies Consulting AG, 2009

[FILL11] Fillies, Christian; Semtalk Services, The HTML User Interface. Semtation GmbH, 2011

[SEMTd08] Michael Steiner: Geschäftsprozessmodellierung: Eine Einführung in das Thema am Beispiel des Modellierungstools Semtalk; Semtation GmbH, 2008

Bildquellen

[SEMTe11] Fillies, Christian; Semtalk Services, The HTML User Interface. Semtation GmbH, 2011